寺田本家
発酵カフェの
毎日おいしい 麹レシピ

寺田聡美

家の光協会

はじめに

寺田本家の創業は延宝年間（1673〜81年）。350年以上にわたり、千葉県・神崎町で日本酒を造り続けています。

私たちのお酒の原料は、地元の無農薬・無化学肥料栽培米と、その米に麹菌を付着させて繁殖、培養した米麹。仕込み水には、地元・神崎神社の杜を水源とする清澄な地下水を使います。それらを合わせたあとは、蔵に棲む菌の働きにまかせて。そこで酒のもととなる"酒母"ができたら、もろみを仕込み、発酵を待つだけ。350年もの間、蔵に棲みついてきたさまざまな菌は、私たちが考える以上にたくましく、余計な助けを必要とせずに毎年おいしいお酒を造り出してくれるのです。

もちろん、お酒造りに使う米麹につけている麹菌（ちょっとややこしいですね）も、寺田本家の蔵付きの菌。わが家ではずっと昔から、この力強い発酵の力を持つ米麹を活用して、日々のごはん作りをしてきました。麹はまさに、私の生活には欠かせない、すべてのおいしさのもとなのです。

そんな麹や発酵の力をお伝えしたくて、2017年に寺田本家の敷地内ではじめたのが「カフェ　うふふ」。こちらではオープン以来、塩麹やしょうゆ麹、麹ケチャップなど、麹をベースにしたさまざまな調味料を使ってきました。その理由は、体にいいだけでなく、何よりおいしいから。そして、ときに想像を大きく超える味わいを醸してくれる、麹の力に感動できるから。

麹と塩、麹としょうゆ、麹とごはん。さらに、そこに素材を足して。発酵の力を楽しみながら、気づけばこんなにたくさんの、麹をベースにしたおいしさのもとが完成していました。

手軽に麹の恵みを毎日の食生活に取り入れられる、麹を使った調味料たちを、気軽に楽しんでいただけたらうれしいです。

寺田聡美

おいしくて、美肌にも健康にも効果あり。
日本の食生活を支える麹は、驚くパワーを秘めています。

麹ってこんなもの

　麹とは、米や大豆、麦などの穀物に麹菌を付着させ、繁殖しやすい環境において培養したもの。それぞれ米麹、豆麹、麦麹と呼ばれています。ちなみにこの麹菌、酒造りはもちろんのこと、しょうゆやみそ造りにも使われ、日本を代表する国菌にも認定されています。まさに、日本の食生活とは切っても切れない存在といえるのです。
　米麹は米みそや甘酒、日本酒、塩麹や酢に、麦麹は麦みそや麦焼酎に、豆麹は東海地方で造られる豆みそ（八丁みそ）にと、それぞれの特性を生かして活用されている麹。さらに細かくいえば、麹は幾種類かに分類できます。昔から活用されているのは、おもにみそやしょうゆ、清酒造りに使われる"黄麹菌"。そのほか、沖縄の泡盛に使われる"黒麹菌"、焼酎に使われる"白麹菌"、かつお節作りに使う"カツオブシ菌"など、性質を少しずつ変えながら、麹は私たちの食生活を力強く支えています。

◎ 麹がおすすめな**3**つの理由

1 体にいい

　麹には、でんぷん（糖質）を分解するアミラーゼ、たんぱく質を分解するプロテアーゼ、脂肪を分解するリパーゼという3大消化酵素が含まれています。実はこの"酵素"が大切。人間の体は必要な栄養素をとっていても、これらを分解して必要なエネルギーに変える酵素がなければ、体内への吸収がスムーズにいかないのです。

　また、麹がたんぱく質を分解することで生まれる成分"ペプチド"には、血圧を低下させる効果があります。

　さらに、麹に含まれる食物繊維やオリゴ糖が腸内の善玉菌を増やし、腸内環境を整える効果もあります。

2 きれいになる

　麹に含まれるビタミンB_1や葉酸などのビタミンには、血行や代謝を促進する効果が。これにより、肌細胞に新鮮な酸素や栄養素が滞りなく届き、肌の新陳代謝がスムーズになります。

　また、肌トラブルや老化は、体が酸化することによって起こるもの。麹には抗酸化作用があるため、これらの悩みの軽減も期待できるのです。さらに腸内環境が整うことで、体に溜まった老廃物が排出され、吹き出物などのトラブルも減少します。

3 おいしくなる

　食材が麹の酵素によって分解され、発酵する過程で、アミノ酸やイノシン酸などの成分が生まれます。これこそがまさに"うまみ"成分。また、麹に含まれるプロテアーゼには、たんぱく質をやわらかくする効果もあります。

　さらにうれしいのは、保存性も高まること。発酵を促進する微生物が増えることにより、腐敗菌に支配されることを防止。発酵の際に生まれる乳酸はそれ自体にも殺菌効果があるため、雑菌の増殖を抑えられるのです。

寺田本家 発酵カフェの
毎日おいしい麹レシピ

もくじ

はじめに ……2
麹ってこんなもの ……4
材料について ……8
道具について ……9

PART. 1　麹と塩で作る調味料

● 塩麹 ……12

定番の使い方

和える　　チョレギサラダ ……14
漬ける　　かぶの塩麹漬け／ミニトマトの塩麹漬け ……14
煮る　　　塩麹おでん ……16
焼く　　　塩麹焼きとり ……16
炒める　　塩麹肉野菜炒め ……18
揚げる　　塩麹さばの竜田揚げ ……18

麹と食材を一緒に発酵させる

● 玉ねぎ麹 ……20
レタスサラダ ……21
玉ねぎ麹コンソメスープ ……21
鮭の包み焼き ……22
豆腐のキッシュ風 ……23

● トマト麹 ……24
ハヤシライス ……25
えびのチリソース ……26
豆腐入りやわらかミートボール ……27

● きのこ麹 ……30
きのこ麹の青菜ナムル ……31
里いもとしいたけの和風グラタン ……32
きのこ麹炊き込みごはん ……33

いつもの調味料を麹で ……34
麹酢／麹柚子こしょう／麹ホットソース／麹マスタード

塩麹に加えて作る

● レモン麹 ……36
白身魚のレモンカルパッチョ ……37

● 麹マヨネーズ ……38
ごぼうサラダ ……39

● 麹ラー油（赤・白）……40
こんにゃく麹ラー油炒め ……41
ゆでもやしの麹ラー油和え ……41

COLUMN.1　生魚から作る 麹ナンプラー ……42

PART. 2

麹としょうゆで作る調味料

● しょうゆ麹……44

定番の使い方

和える　まぐろのしょうゆ麹和え……46
漬ける　卵黄のしょうゆ麹漬け……46
煮る　　なめたけ……46
焼く　　厚揚げとししとうのしょうゆ麹焼き……48
炒める　ベジチンジャオロースー……48
揚げる　しょうゆ麹大根から揚げ
　　　　／しょうゆ麹鶏から揚げ……50

しょうゆ麹と食材を炊飯器で一緒に発酵させる

● バーベキュー麹……52
揚げ根菜と車麩のバーベキュー麹和え……53

● カレー麹……54
焼きズッキーニのカレー麹マリネ……55
タコライス……56
野菜たっぷりチリコンカン……57

しょうゆ麹に加えて作る

● 中華風麹……60
豆腐ステーキ……61
ベジ麻婆なす……62
シンプル油そば……63

● 韓国風麹……64
韓国風おからチゲ……65
ヤンニョムチキン……66

PART. 3

麹とごはんで作る調味料

● 甘酒……68

定番の使い方

和える　甘酒白和え……70
漬ける　切り干しソムタム……70
煮る　　油揚げ甘辛煮……72
焼く　　くるみみその焼きおにぎり……72
炒める　なすとピーマンの甘みそ炒め……74
揚げる　もちもちさつま揚げ……74

炊飯器で発酵させる

● 甘酒コチュジャン……76
甘辛ごはんおにぎり……77
スンドゥブ……77
トッポギ……78
ビビンそうめん……79

甘酒に加えて作る

● 麹ケチャップ……80
オムライス……81

● 麹ソース……82
お好み焼き……83

● 麹オイスターソース風……84
豆腐と青梗菜のあんかけ……85
ベジガパオ……86
きのこカオマンガイ……87

● 麹テンメンジャン……90
れんこん炒め……91
厚揚げルーローハン……92
ホイコーロー……93

COLUMN.2　インドの香り スパイス甘酒……94

おわりに……95

● 材料について　麹のうまみを生かした味わいにするために、
加える素材は、できるだけシンプルなものを選びましょう。

米麹

米麹には大きく分けて、生麹と乾燥麹があります。どちらも蒸した米に麹菌を付着させて培養したものですが、生麹のほうが発酵のパワーが強いのが大きな違い。ただ、常温保存はできず、寺田本家の生麹の場合は、冷蔵で半年、冷凍で1年の賞味期限となっています。常温保存の手軽さを考えれば乾燥麹を選んでもよいでしょう。また、乾燥麹はまれにブロック状になっているものがあるので、その場合は手でほぐしてから使います。

麹によっても料理の仕上がりは変わるので、お気に入りを見つけてください。寺田本家の麹はオンラインショップ（p.96）で購入できます。

塩

塩はミネラル豊富な自然塩を使いましょう。海水を電気分解して作る精製塩や、うまみ成分など余分なものが添加されているものは避けてください。あまりに粒が大きいものは溶け残る心配があるので、通常サイズのものを。

しょうゆ

しょうゆも、できるだけ原料がシンプルなものを。アミノ酸や酒精などが添加されている商品もありますが、本書で紹介する自家製の麹調味料はしっかり発酵のうまみがあるので、これらはむしろ、おいしさを邪魔してしまいます。

酢

アルコールや添加物が入っていない醸造酢を選びましょう。原材料が米のみの「純米酢」がとくにおすすめ。味にくせがなく、麹や料理の味わいを引き立てます。

油

植物性の油を使います。調味料や料理によって、本書では「なたね油」「米油」「ごま油」を使い分けています。ない場合はサラダ油で代用してもかまいません。

● 道具について　保存には、発酵の様子がよくわかるガラスびんがおすすめ。
その他、持っていると発酵調味料作りの幅が広がる道具をご紹介。

保存容器

　麹調味料の保存には、清潔を保てるシンプルなガラスびんが向いています。また、"透き通っている"ことも重要で、たとえばトマト麹（p.24）やバーベキュー麹（p.52）、カレー麹（p.54）などは、常温で発酵したことを確認してから、次の工程に進みます。その見極めには全体を見渡す必要があるので、これらに関してはとくに、透明なガラスびんで作っていただけたらと思います。

　消毒は、麹の発酵力が腐敗菌を遠ざけるので神経質になることはありませんが、熱湯消毒して水気をきり、心配であれば食物にも使えるアルコールで消毒すると安心です。

炊飯器

甘酒を作ったり、常温発酵させたものをさらに発酵させたりと、炊飯器の保温機能は麹調味料作りに大活躍。温度が一定に保てれば問題ないので、ヨーグルトメーカーでも代用できます。その際の設定温度は60℃です。

ジッパー付き保存袋

おもに、常温で発酵させたものを炊飯器でさらに発酵させるときに使用します。ジッパー付き保存袋は、面倒な消毒の必要がなくすぐに使えるのもいいところ。使うときは空気をしっかり抜いてから、口を完全に閉じましょう。

ハンドブレンダー

材料をペースト状にしたり、細かくするときに役立ちます。鍋中で使えるのもうれしい。フードプロセッサーやミキサーでも代用可。それらがなくても、すりおろしたり、細かく切れば、食感は変わりますが、おいしく作れます。

● 本書のレシピは砂糖・乳製品・化学調味料不使用です。

レシピのお約束

・計量単位は1カップ＝200mℓ、大さじ1＝15mℓ、小さじ1＝5mℓです。
・食材を洗う、野菜の皮をむく、ヘタや種を取るなど、
　基本的な下ごしらえは作り方から省いています。適宜行ってください。
・オーブントースターやオーブンの焼き時間は目安です。
　機種によって違いがあるので、様子を見ながら加減してください。
・賞味期間は目安です。

PART. 1

麹と塩で作る調味料

塩麹
玉ねぎ麹・トマト麹・きのこ麹
麹酢・麹柚子こしょう・麹ホットソース・麹マスタード
レモン麹・麹マヨネーズ・麹ラー油（赤・白）

手始めに作りたいのは、麹と塩に水を加えるだけの塩麹。さらに野菜も一緒に発酵させ、新たなおいしさを生み出す調味料までご紹介。また、塩麹に食材をプラスするだけの、手軽に作れる調味料もたくさん登場します。

塩麹

発酵の力に驚く、シンプルな調味料。
調味料の"もと"としても、活躍します。

　米麹、塩、水を混ぜるだけ。実にシンプルな材料と製法ながら、深みのある味わいに驚きます。これぞ、発酵の力。このおいしさは、麹菌だけでなく、発酵の過程で生まれる乳酸菌や酵母菌のおかげです。
　塩麹の長所は、発酵による腸への好影響だけでなく、塩分量を抑えられる点。それ自体にうまみがあるので、少なめの量でも満足感のある味わいに仕上がります。この味わいを生かして調味料に展開すれば、まさにうまみの掛け合わせ。少し使うだけで、しっかり手をかけた味わいになります。

　また、うれしいのは肉や魚などをやわらかくする効果があること。これは、塩麹に含まれる酵素のひとつ、「プロテアーゼ」にたんぱく質を分解する効果があるから。ちょっとパサつきがちな鶏むね肉などは、この働きを活用するとしっとりおいしく仕上がります。
　一方、塩麹に含まれる酵素「アミラーゼ」にはでんぷんを分解する働きがあり、ごはんに混ぜるとボソボソに。これは加熱によって防げるので、ごはんに塩麹で味つけをしたいなら、一緒に炊き込みましょう。

[塩麹]

1

2

3

4

●材料　作りやすい分量(出来上がり量700g)

米麹……300g
塩……100g
水……300ml

●作り方

1　米麹と塩をボウルに入れ、混ぜる。
2　水を加えて混ぜる。
3　清潔なびんに2を入れ、ほこりが入らないようにペーパータオルなどをかぶせ、常温におく。
4　1週間は毎日混ぜ、少しずつ頻度を減らす。1週間後から使えるが、3カ月以降からよりおいしくなる。

＊暑い時期のみ冷蔵保存。賞味期限なし。

塩麹 Q&A

Q1. 塩麹を仕込んだら、色が茶色っぽくなってきました。このまま常温保存しても大丈夫？

A1. 茶色っぽいのは、発酵が進んでおいしくなっている証拠。基本的に塩麹は発酵が進むだけで腐りません。表面に現れるふわふわした白いものは産膜酵母という無害なもの。混ぜ込んでしまって構いません。ただ、黒、緑、赤系などの場合は有害なカビなので、破棄しましょう。

Q2. 市販の塩麹を使う場合、どんなものを選べばいいですか？

A2. 市販されている塩麹の中には、酒精などを添加しているものがあります。原材料が塩と米麹だけのシンプルなものがおすすめです。

Q3. 塩麹を塩の代わりに使う場合、どのくらいの量を目安にしたらいいでしょうか？

A3. 目安は塩の5倍量。ただ、塩麹はうまみが強いので、それ以下で十分満足できることも。味見をしつつ、少しずつ足していきましょう。

定番の使い方

和える

漬ける

[塩麹]

塩麹をシンプルに味わうのなら、"和える"がベスト。
酢の酸味や油のまろやかさをプラスすることで、おいしさはより深く。

チョレギサラダ

●材料　2人分
レタス ……6枚(180g)
きゅうり ……1本
バラのり ……3g

A｜にんにくのすりおろし
　　……1/4かけ分
　一味唐辛子 ……小さじ1/6
　塩麹、ごま油 ……各大さじ1
　酢、白いりごま ……各大さじ1/2

●作り方
1 レタスは食べやすくちぎる。きゅうりは縦半分に切ってから斜め薄切りにする。
2 ボウルにAを入れて混ぜ、食べる直前に1とのりを加えて和える。

素材のフレッシュ感を味わうなら短めに、しっかり味を入れるなら長めに。
むだなく塩麹をまぶせるように、袋で漬け込むのがおすすめです。

かぶの塩麹漬け

●材料　作りやすい分量
かぶ ……150g
塩麹 ……大さじ1

●作り方
1 かぶは1cm幅のくし形切りにする。
2 ジッパー付き保存袋に1を入れ、塩麹を加えて漬ける。
＊冷蔵庫で4日間保存可。半日後から食べられるが、2日後くらいからがおいしい。

ミニトマトの塩麹漬け

●材料　作りやすい分量
ミニトマト ……150g
塩麹 ……大さじ1

●作り方
1 ジッパー付き保存袋にトマトを入れ、塩麹を加えて漬ける。
＊冷蔵庫で1週間保存可。半日後から食べられるが、3日後くらいからがおいしい。

定番の使い方

煮る

焼く

素材には、うまみを含んだ塩気がじんわりやさしくしみていきます。
スープには素材のだしが溶け出して、おいしさがいっそう増すのです。

［塩麹］

塩麹おでん

●材料　2人分

大根 ……300g
がんもどき ……2個
あじ天 ……2枚
しいたけ ……4個(80g)
ちくわぶ ……1/2本
するめいか
　（わたと背骨、足を取り除く）
　……1ぱい
早煮昆布 ……15cm長さ2枚
結び糸こんにゃく ……4個

A｜塩麹 ……50g
　｜酒 ……50mℓ

●作り方

1　大根は2cm厚さの半月切りにし、鍋に入れる。米大さじ1（分量外）とかぶるほどの水を加え、中火で透き通るまで煮る。やわらかな冬大根なら、下ゆでしなくてもOK。

2　がんもどきとあじ天は、熱湯をかけて油抜きをする。しいたけは石づきを切り落とす。ちくわぶは、2cm厚さの斜め切りにする。いかは縦半分に切ってから2〜3cm幅に切り分け、それぞれ長めの串に刺す。

3　1とは別の鍋に1の大根と水3カップ、昆布を入れて中火にかけ、昆布がやわらかくなったら取り出して結び昆布にする。大根に火が通るまで、しっかり煮る。

4　3の鍋にAを入れ、沸騰したらすべての具材を入れる。20〜30分煮て、火を止めて冷まし、味をなじませる。食べる直前に再度温める。

たんぱく質をやわらかくする性質を持つ塩麹。シンプルな調理法でこそ、
そのメリットを大きく発揮。塩より味わい深いのは、もちろんのこと。

塩麹焼きとり

●材料　2人分

鶏むね肉 ……小1枚(200g)
塩麹 ……10g
すだち ……適量

●作り方

1　鶏肉は小さめのひと口大に切り、塩麹をまぶして冷蔵庫に半日おく。

2　串に1を刺し、オーブントースターで8〜10分焼く（途中で焦げるようなら、アルミホイルをかぶせる）。器に盛り、すだちを添える。

定番の使い方

炒める

揚げる

18

[塩麹]

手早く仕上げたい炒めもの。加えるだけで味が決まる塩麹は大助かりです。
肉の下味と仕上げの味つけ。2段階で使って、味わいに奥行きを。

塩麹肉野菜炒め

●材料　2人分

A｜ 豚バラ薄切り肉 ……80g
　｜ 塩麹 ……小さじ1

キャベツ ……5枚(200g)
玉ねぎ ……1/4個(50g)
にんにく ……1/2かけ
もやし ……1/4袋(50g)
塩麹 ……大さじ1
こしょう ……少々
なたね油 ……小さじ1

●作り方

1　Aの豚肉はひと口大に切り、分量の塩麹をまぶす。

2　キャベツはひと口大に、玉ねぎ、にんにくは薄切りにする。

3　フライパンに油と2のにんにくを入れ、中火で熱する。1を入れ、色が変わるまで炒める。

4　玉ねぎを加え、玉ねぎが透き通ってきたらキャベツともやしを加える。全体を混ぜ、塩麹とこしょうを加えてさっと炒め合わせる。

揚げるとパサつきがちな魚も、塩麹の漬け込み効果でふっくらと。
まろやかな塩気に香ばしさもプラスされて、たまらないおいしさです。

塩麹さばの竜田揚げ

●材料　2人分

さば ……半身(170g)

A｜ 酒 ……大さじ1
　｜ 塩 ……少々

しょうがのすりおろし
　　……1かけ分
塩麹 ……小さじ1
片栗粉、揚げ油、貝割れ菜
　　……各適量

●作り方

1　さばにAをふり、30分ほどおく。出てきた水分をふき取る。

2　1を食べやすく切り分け、しょうがと塩麹をまぶして冷蔵庫に半日ほどおく。

3　2に片栗粉をまぶし、170℃の揚げ油で3〜4分揚げる。器に盛り、貝割れ菜を添える。

麹と食材を一緒に発酵させる

● 玉ねぎ麹

玉ねぎと麹のコンビが生み出す、
発酵によるブイヨンです。

　たとえばルウを作るとき、玉ねぎをしっかりと炒めてベースにします。いってみれば玉ねぎは、多くの料理においてうまみの土台になる食材。そこに麹の味わいが重なれば、おいしさはもう保証つき。まるでブイヨンのような強いうまみが生まれます。

　「生の野菜を使っているのに、ずっと使えるの?」と不思議に感じるかもしれませんが、玉ねぎには抗菌作用のある硫化アリルが含まれているため、清潔に保っていれば、発酵はしても腐敗することはありません。時間の経過とともに、白かった玉ねぎ麹がうっすら褐色やピンクに色づいてきますが、これはうまみのもとであるアミノ酸が糖と反応した結果。よりおいしさを蓄えている証拠です。

●材料　作りやすい分量(出来上がり量460g)

米麹 …… 130g
玉ねぎ …… 1と1/2個(300g)
塩 …… 30g

●作り方

1　玉ねぎはハンドブレンダーでペースト状にする(またはすりおろす)。

2　1に米麹と塩を加え、30分ほどおいてなじませる。再びハンドブレンダーでなめらかにし、清潔なびんに移す。ふたをのせた状態(密閉しない)で常温におき、2〜3日に1回混ぜる。1週間後から使える。

＊冷蔵保存。賞味期限なし。熟成させるとうまみが強くなる。

レタスサラダ

玉ねぎ麹のドレッシングで、シンプルサラダが特別なひと皿に。

[玉ねぎ麹]

●材料　2人分

レタス……4枚(120g)

A｜ **玉ねぎ麹**、酢……各大さじ1/2
　｜ 塩……ひとつまみ
　｜ こしょう……少々
　｜ オリーブオイル……大さじ1

●作り方

1　ボウルにAを入れ、よく混ぜ合わせる。
2　食べる直前にレタスを1にちぎり入れ、和える。

玉ねぎ麹コンソメスープ

玉ねぎ麹が、濃厚なだし代わり。奥深く、しみわたるおいしさです。

●材料　2人分

キャベツ……1枚(40g)
にんじん……20g
マッシュルーム……3個(30g)
にんにく……1/2かけ

A｜ **玉ねぎ麹**……大さじ2と1/2
　｜ 酒……大さじ1

塩……ひとつまみ
こしょう……少々
なたね油……小さじ1/2

●作り方

1　キャベツは5mm幅程度の細切り、にんじんはせん切り、マッシュルームは薄切り、にんにくはみじん切りにする。
2　鍋に油と1のにんにくを入れ、中火にかける。香りが立ったらキャベツ、にんじん、マッシュルームを入れ、さっと炒めて塩をふる。
3　2に水2カップを注ぎ、沸騰したらAを加えて弱火で10分ほど煮てこしょうをふる。

鮭の包み焼き

玉ねぎ麹の効果で鮭がふっくら。
味つけもおまかせで、
手間なくひと手間かけた味に。

●材料　2人分

生鮭（切り身）……2枚（1枚50〜60g）
水菜、しめじ……各30g

A │ 酒……小さじ2
　 │ 塩……少々

酒、**玉ねぎ麹**……各小さじ2

●作り方

1　鮭にAをふり、30分ほどおく。出てきた水分をふき取る。

2　水菜は3〜4cm幅に切る。しめじは石づきを切り落とす。

3　オーブンシートを2枚広げ、それぞれ1を半量ずつのせ、鮭をのせる。酒をふり、鮭に玉ねぎ麹をのせて、水が入らない状態になるように包む。

4　フライパンに3を並べ、1cm深さまで水を張る。中火にかけて沸騰したらふたをし、弱火で10分ほど蒸し焼きにする。

[玉ねぎ麹]

豆腐のキッシュ風

豆腐の水分がなめらかさの秘訣。
水気をきりすぎないのがポイント。

●材料　直径18cmのタルト型1個分

木綿豆腐 …… 1/2丁（180g）
じゃがいも …… 1/2個（50g）
ブロッコリー …… 小房3個程度（30g）
ミニトマト …… 3個

A｜玉ねぎ麹 …… 40g
　｜薄力粉 …… 30g
　｜こしょう …… 少々
　｜なたね油 …… 大さじ2

塩 …… 小さじ1/5
なたね油 …… 小さじ1

●下準備
タルト型の内側に
油適量（分量外）を塗る。

●作り方

1　豆腐は軽く水気をきってボウルに入れ、Aを加えてハンドブレンダーでペースト状にする。

2　じゃがいもとブロッコリーは1〜2cm角に切り分ける。ミニトマトは半分に切る。

3　フライパンに油を入れ、じゃがいもとブロッコリーを中火で炒める。じゃがいもが透き通ってきたら塩をふる。

4　1のボウルに3と2のミニトマトを加えて混ぜ合わせる。油を塗った型に流し入れ、表面を平らにならす。

5　アルミホイルをかぶせ、オーブントースターで10分焼く。アルミホイルを取り、焼き目がつくまで焼く。

＊オーブンを使う場合は、180℃に予熱し、アルミホイルなしで15分焼く。

● トマト麹

甘酸っぱいトマトのおいしさに、
発酵のうまみが重なって。

　グルタミン酸やアミノ酸など、うまみ成分が豊富なトマト。米麹と発酵させたなら、そのおいしさは倍増です。発酵過程で乳酸菌が生まれ、甘みを抑えた濃厚なケチャップのような味わいに進化。パスタを和えるだけでもおいしいですし、p.21のスープで、玉ねぎ麹の代わりに使えばミネストローネのように。

　材料を合わせたら、まずは常温で発酵。発酵力が強いので、ふたをきっちり閉めるとガラスびんが割れる恐れが。ふたは軽くのせる程度にしておくのがポイントです。水分が下に沈み、横から見たときに小さな気泡ができはじめたら、早めに火入れを。発酵が進みすぎるとトマトの甘さが消えてしまうので、おいしいところで発酵を止めましょう。

●材料　作りやすい分量（出来上がり量480g）

米麹……200g
トマト……中2個（300g）
塩……15g
酢……小さじ2

●作り方

1　トマトはざく切りにしてボウルに入れ、ハンドブレンダーでペースト状にする。残りの材料を加えてさらに攪拌し、清潔なびんに入れる。
2　ふたをのせた状態（密閉しない）で常温におく。そのまま、夏場は2日ほど、冬場は1週間ほどおいて発酵させる。
3　びんの横から見て、小さな気泡が入った状態になったら（写真）、鍋に移し、中火にかけてひと煮立ちさせる。粗熱をとり、清潔なびんに移す。

＊冷蔵保存。賞味期間1カ月。

[トマト麹]

ハヤシライス

手間のかかるデミグラス風も、
トマト麹を使えばこんなに簡単。
食べ応えがありつつ、軽やかです。

●材料　2人分

トマト麹、玉ねぎ、豚こま切れ肉
　……各100g
マッシュルーム……8個（80g）
にんにく……1かけ
米粉……大さじ2
赤ワイン……50mℓ
しょうゆ……大さじ1
こしょう……少々
なたね油……大さじ1

玄米ごはん、パセリのみじん切り
　……各適量

●作り方

1　玉ねぎ、マッシュルーム、にんにくは薄切りにする。

2　鍋に油と1のにんにくを入れて中火で熱する。香りが立ったら、玉ねぎを加えて炒める。

3　玉ねぎが透き通ってきたら、米粉を加えて弱火で1〜2分炒め合わせる。1のマッシュルームと豚肉も加えて炒め合わせ、水300mℓを少しずつ加える。沸騰したらトマト麹と赤ワインを加え、温まったらしょうゆとこしょうを加え、弱火で5分ほど煮る。

4　器に玄米ごはんと3を盛り、パセリを散らす。

えびのチリソース

•作り方 / *p.28*

豆腐入りやわらかミートボール

・作り方 / *p.29*

[トマト麹]

えびのチリソース

トマト麹ベースのえびチリは、
フレッシュかつ奥深いおいしさです。

●材料　作りやすい分量

バナメイえび（殻つき）……200g

A | 長ねぎ……15cm（36g）
　 | にんにく、しょうが……各1かけ

酒……大さじ1
塩、片栗粉……各適量
豆板醤(トウバンジャン)……大さじ1/2
トマト麹……80g
こしょう……少々
ごま油……大さじ2

●作り方

1　えびは殻をむいて背わたを取り、酒と塩少々をふって、30分ほどおく。出てきた水気をふき取り、片栗粉大さじ1程度を薄くまぶす。

2　フライパンにごま油大さじ1を入れて中火で熱し、1を上下を返しながら8分ほど焼く。

3　Aをみじん切りにする。

4　フライパンにごま油大さじ1と3のしょうがとにんにくを入れ、中火で熱する。香りが立ったら豆板醤を加え、ひと混ぜしたらトマト麹と水120mlを加えて温める。塩少々とこしょうで味を調え、2と3の長ねぎを加え、1分ほど煮る。仕上げに片栗粉小さじ2を同量の水で溶き、回し入れてとろみをつける。

下味をつけたあとに出てくる水気をしっかりふき取れば、気になるえびのくさみが取り除けて、クリアなおいしさに仕上がる。

豆腐入りやわらかミートボール

揚げずにゆでる、あっさり味。
すりおろしの玉ねぎと塩麹は、玉ねぎ麹大さじ4に替えても。

●材料　2人分

豚ひき肉 ……200g
木綿豆腐 ……100g

A｜玉ねぎのすりおろし ……1/5個分（40g）
　｜しょうがのすりおろし ……1かけ分
　｜塩麹 ……大さじ1と1/2

片栗粉 ……大さじ2

B｜**トマト麹** ……50g
　｜みりん、しょうゆ ……各大さじ2
　｜酢 ……大さじ1
　｜片栗粉 ……小さじ1
　｜こしょう ……少々
　｜水 ……50mℓ

●作り方

1　豆腐は軽く水気をきる。
2　ボウルに1とひき肉、Aを入れてよく混ぜ、片栗粉を加えてさらに混ぜる。
3　2を直径3〜4cm大に丸め、沸騰した湯で7〜8分ゆでてざるにあげる。
4　鍋にBを入れて中火にかけ、とろみがつくまで温める。
5　4に3を加え、からめる。

[トマト麹]

いくつでも食べられそうなふんわりやさしい口あたり。その秘密は、肉だねに加えた木綿豆腐。冷めてもおいしいので、お弁当のおかずにもおすすめ。

● きのこ麹

大きめきのこは具材としても大活躍。
好みの種類を組み合わせて。

　滋味深いきのこを、米麹と合わせて発酵。きのこがたっぷり入っているので、調味料としてはもちろん、具材感覚でも使えるという、料理の幅をいっそう広げる存在です。

　作る過程で少しだけ酢を入れますが、これは味を足すためではなく、腐敗を防ぐため。完成するころには、その酸っぱさはほとんど感じず、きのこと麹のうまみだけが残ります。

　鍋料理に入れれば、具材であると同時に、スープにより深みを出す活躍ぶり。玉ねぎとじゃがいもと一緒に煮て、ハンドブレンダーで撹拌して豆乳でのばせば、きのこのぜいたくポタージュにも。ひとつあれば、「一品足りない!」ときに必ず役立つボリューム調味料。きのこは好みのものでOKです。

●材料　作りやすい分量（出来上がり量390g）

しめじ ……1パック（100g）
えのきだけ ……60g
しいたけ ……2個（40g）
水 ……50mℓ程度

A | 米麹 ……100g
　 | 塩 ……35g
　 | 酢 ……小さじ2

●作り方

1　しめじとえのきだけは、汚れていれば下の部分を少しだけ切り落とす。しめじはほぐし、えのきだけは長さを4等分に切ってからさく。しいたけは石づきを切り落とし、軸とかさに分ける。かさは薄切りにし、軸はさく。

2　1を鍋に入れ、大さじ1程度の水を加える。ふたをして弱火にかけ、火が通ってくったりしたらそのまま冷ます。清潔な容器に出てきた水分ごと移す。

3　2と合わせて250gになるように、水50mℓ程度を加える。

4　3にAを加えてよく混ぜる。常温におき、仕込んでから3日間は、1日1回全体を混ぜてなじませる。夏場は3日ほど、冬場は1週間ほどおいたら完成。

＊冷蔵保存。賞味期間1カ月。

きのこ麹の青菜ナムル

青菜ときのこの食感の楽しさ。
かむほどにおいしさが深まります。

●材料　2人分

小松菜 …… 1/2束(100g)
きのこ麹 …… 15g
ごま油 …… 小さじ1

●作り方

1　鍋に湯を沸かし、塩少々（分量外）を入れて小松菜をさっとゆでる。水気をきって冷まし、食べやすく切る。

2　きのこ麹を刻んでボウルに入れてごま油と混ぜ、1を加えて和える。

里いもとしいたけの
和風グラタン

豆乳と米粉で作る、ベジ仕様。
きのこの力強いうまみで、
満足感も言うことなし。

●材料　2人分(20×17×高さ4cmの耐熱容器1個分)
里いも……4個(160g)
しいたけ……4〜6個(80〜120g)
長ねぎ……大1/2本(120g)
きのこ麹……100g
米粉……大さじ4
豆乳(無調整)……300ml
塩、こしょう……各少々
なたね油……小さじ1＋大さじ1

A ┃ パセリのみじん切り……大さじ1/2
　┃ パン粉……大さじ1
　┃ なたね油……小さじ1
　┃ 塩……少々

●作り方

1 里いもは5mm厚さの輪切りにする。しいたけは石づきを切り落とし、4つ割りにする。長ねぎは2cm幅に切る。

2 鍋に油小さじ1を入れて熱し、弱火で1を炒める。火が通ったら塩をふり、取り出す。

3 2の鍋に油大さじ1を足し、中火できのこ麹を炒める。米粉をふり入れ、弱火で1分炒め合わせる。

4 3に水1/2カップを少しずつ加えてのばす。豆乳を加えてソース状にし、こしょうをふる。

5 4に2を加えて混ぜ、耐熱容器に移して表面を平らにならす。混ぜ合わせたAをふりかけ、オーブントースターで焼き色がつくまで焼く。

＊オーブンを使う場合は、170℃に予熱し、10分焼く。

[きのこ麹]

きのこ麹炊き込みごはん

お米ひと粒ひと粒に、きのこと発酵のうまみが。
おかわり必須の、しみじみおいしい一杯です。

●材料 2人分

米 ……2合
きのこ麹 ……60g
ごぼう ……1/3本(50g)
油揚げ ……1枚
ごま油 ……大さじ1/2

A | みりん ……大さじ1
  | しょうゆ ……小さじ2

●作り方

1 米は洗ってざるにあげておく。
2 ごぼうは小さめのささがきにする。油揚げは熱湯をかけて油抜きをし、縦半分に切ってから1cm幅の短冊切りにする。
3 鍋にごま油を熱する。2のごぼうを弱火で5分ほど炒める。油揚げとAを加え、ひと煮立ちさせる。
4 炊飯器の内釜に1を入れる。一度2合の目盛りまで水を注いでから50㎖分の水を取り除く。
5 4にきのこ麹と3を入れ、炊く。

いつもの調味料を麹で

いつもの調味料を、麹を使って手作りしてみませんか？
酢に麹を入れて発酵させれば、普通の酢よりやわらかな酸味に。
おなじみの柚子こしょうや、ホットソース、マスタードの辛みも
市販品よりまろやか。作り方も、とても簡単です。

麹酢

酢のものやドレッシング、ピクルスなどに。

●材料　作りやすい分量
（出来上がり量100g）

米麹 ……40g
酢 ……60mℓ

麹柚子こしょう

焼いた魚や肉に添えて。隠し味にも。

●材料　作りやすい分量（出来上がり量120g）

米麹、青柚子の皮 ……各30g
青柚子のしぼり汁 ……小さじ2
青唐辛子 ……25g
塩 ……30g

●作り方
1 材料を合わせて30分ほどおき、ハンドブレンダーで混ぜ合わせる。清潔なびんに入れ、常温で1週間ほどおく。

●作り方
1 青唐辛子は種を取り除く。
2 すべての材料を合わせて30分ほどおいてなじませる。ハンドブレンダーで細かくし、清潔なびんに入れて常温で保存する。1週間後から使える。

[いつもの調味料を麹で]

麹ホットソース

ひと味違う辛さをピザやパスタにふって。

●材料　作りやすい分量（出来上がり量290g）
赤唐辛子（生のもの）……50g
米麹……100g
酢……150mℓ
塩……小さじ1

麹マスタード

ソーセージやポテトがぐんとおいしく。

●材料　作りやすい分量（出来上がり量230g）
マスタードシード
　（できれば、ブラウン、イエローを
　2:1の割合で）……60g
米麹……50g
塩……大さじ1/2
酢……90mℓ

●作り方
1　赤唐辛子は種を取り除く。
2　すべての材料を合わせて30分ほどおいてなじませる。ハンドブレンダーで細かくし、清潔なびんに入れて常温で保存する。1週間後から使える。

●作り方
1　マスタードシードは水に1時間程度つけてやわらかくする。茶こしなどにあげ、水気をきる。
2　すべての材料を合わせて30分ほどおいてなじませる。ハンドブレンダーで細かくし、清潔なびんに入れて常温で保存する。1週間後から使える。

＊いずれも常温保存可。賞味期限はなく、熟成させるとうまみが強くなる。

---塩麹に加えて作る---

● レモン麹

おいしい理由は、さわやかな酸味＆塩気の奥のほのかな甘み。

　少し前、レモンと塩を合わせて作る"塩レモン"が話題になりました。「これを、麹で作ったらもっとおいしくなるのでは？」と思いついたのが誕生のきっかけです。その結果は、想像以上。焼いた魚や肉にかけるだけでもさっぱりとおいしくなりますし、ヨーグルトやにんにく、たとえばディルなどのハーブと合わせてドレッシングにするのもおすすめです。

　ちなみにこちらは、米麹を加えて発酵させるのではなく、すでに完成させた塩麹と合わせます。米麹からでも問題はないのですが、発酵に時間がかかるため、麹がなじんでいない箇所から、まれにカビが生える恐れがあるのです。作りたてはフレッシュな味わい、時間をおくと、なじんでやわらかな味わいに。

●材料　作りやすい分量（出来上がり量200g）

塩麹 ……100g
レモン（国産、ノーワックスのもの）……1個（100g）

●作り方

1　レモンはよく洗う。ヘタを取ってざく切りにし、種を取り除く。ハンドブレンダーで細かくする。
2　清潔なびんに1と塩麹を入れて混ぜ合わせる。すぐに使える。

＊冷蔵保存。賞味期間1カ月。

［レモン麹］

白身魚のレモンカルパッチョ

淡泊な白身魚の味わいを引き立てる、軽やかなレモン麹。
見た目も涼やかな、とっておきのひと皿です。

●材料　2人分

白身魚の刺身（鯛など）……100g

A｜ **レモン麹** ……小さじ2
　｜ こしょう ……少々
　｜ オリーブオイル ……大さじ1

●作り方

1　鯛は薄いそぎ切りにし、皿に並べる。混ぜ合わせたAを回しかける。

●麹マヨネーズ

ただ混ぜるだけで、このおいしさ！
ふわりと漂う、麹の後味。

　塩麹を使ったマヨネーズは、うまみは濃いのに味わいは軽やか。豆腐ベースのやさしいおいしさが特徴です。作り方も、本家のマヨネーズよりずっと簡単。油と他の素材が分離することもないので、ハンドブレンダーで一気に混ぜるだけで完成です。いたってシンプルなレシピなので失敗は少ないのですが、ほどよいとろみをつけるために、豆腐の水きりはしっかりと。なたね油は独特の風味が気になるので、くせのない米油を使います。

　使い方は、通常のマヨネーズと同じ感覚でOK。ちょっと変わったところでは、炒めものに使うのもおすすめ。油代わりに使えば、ほどよいコクと酸味が出て、味つけまでほぼこれひとつにおまかせできてしまうのです。

●材料　作りやすい分量(出来上がり量190g)

塩麹 ……小さじ4
木綿豆腐 ……100g
酢 ……大さじ2
こしょう ……小さじ1/8
米油 ……大さじ4

●作り方

1　豆腐はさっとゆで、さらし、または厚手のペーパータオルなどで包み、重しをして20～30分冷蔵庫においてしっかりと水きりをする。

2　1と残りの材料を合わせ、ハンドブレンダーでペースト状にする。清潔なびんに移す。
　＊冷蔵保存。賞味期間1カ月。

[麹マヨネーズ]

ごぼうサラダ

たっぷり使っても軽やかなのがいいところ。
麹マヨネーズは、ほっくりした根菜と好相性です。

●材料　2人分
ごぼう……小1本(120g)
にんじん……20g
麹マヨネーズ……50g
塩……ひとつまみ
こしょう……少々

●作り方
1　ごぼうとにんじんはせん切りにする。
2　鍋に湯を沸かし、酢少々（分量外）を入れてごぼうをゆでる。ゆで上がる少し前ににんじんを加えて一緒にゆで、ざるにあげて冷ます。
3　ボウルに2と麹マヨネーズを入れて塩、こしょうをふり、よく混ぜる。

● 麹ラー油（赤・白）

辛さの中に、濃厚なうまみ。
そのまま食べても、うなる絶品。

香味野菜たっぷりの、塩麹を使った辛めの調味料。本来、"辣（ラー）"は唐辛子の意味ですが、ここでは一味唐辛子を使った、本来の赤いラー油のほか、シャープな辛みの黒こしょうを使った白いラー油も紹介します。

とにかく具だくさん。まさに「食べるラー油」です。蒸し野菜にもソテーにした肉や魚にも、ひとさじかければ、おいしさいっぱい。そうめんや中華麺などの麺類にかけて和えそばにしてもおいしいですし、冷ややっこにかけるのもおすすめ。炊きたてごはんにのせても最高です。おいしく仕上げるポイントは、香味野菜にじっくりじっくり弱火で熱を入れること。これが、辛さだけでなく奥深いうまみを引き出すポイントです。

●材料　作りやすい分量（出来上がり量250g）

玉ねぎ……80g
にんにく、しょうが……各20g
なたね油……50㎖

A｜塩麹……50g
　｜長ねぎ……1本（200g）
　｜ごま油……大さじ1
　｜一味唐辛子または黒こしょう……小さじ1

●作り方

1. 玉ねぎ、にんにく、しょうが、Aの長ねぎはみじん切りにする。
2. 鍋に油大さじ1を入れて中火で熱し、1の玉ねぎを炒める。10分ほど炒めてきつね色になったら、残りの油を加え、にんにく、しょうがを加えて弱火でさらに5分炒める。
3. Aを加え、沸騰したら弱火で2〜3分煮る。清潔なびんに移す。

＊冷蔵保存。賞味期間1カ月。

[麹ラー油（赤・白）]

こんにゃく麹ラー油炒め

パンチの効いたこの辛み。おつまみにぴったり！

●材料　2人分
こんにゃく……300g
塩……ひとつまみ
みそ、みりん……各大さじ1
麹ラー油（赤・白お好みで）
　……大さじ1/2
ごま油……大さじ1/2

●作り方
1　こんにゃくはスプーンを使ってひと口大にちぎり、さっとゆでてあく抜きをする。ざるにあげて水気をきる。
2　フライパンに1を入れて中火にかけ、水分を飛ばす。ごま油と塩を入れてさっと炒め、みそ、みりんを加えて全体にからめる。仕上げに好みの麹ラー油をかけて炒め合わせる。器に盛り、糸唐辛子少々（分量外）をのせる。

ゆでもやしの麹ラー油和え

酢をちょっぴり足せば、すっきりしたおいしさに。

●材料　2人分
もやし……1/2袋(100g)

A｜**麹ラー油**（赤・白お好みで）
　　……大さじ1
　酢……小さじ1/2
　塩……小さじ1/4

●作り方
1　もやしはさっとゆで、ざるにあげて冷ます。
2　ボウルにAを入れて混ぜ、1を加えて和える。器に盛り、黒こしょう少々（分量外）をふる。

COLUMN.1

生魚から作る 麹ナンプラー

タイ料理でおなじみのナンプラーは、魚を発酵させて作る魚醤の一種。使われるのは、おもにかたくちいわしです。実はナンプラー以外にも、世界中で愛されている魚醤。たとえば日本では、はたはたで作る秋田名物"しょっつる"がよく知られています。

今回は、手軽ないわしを使うレシピ。魚に麹と塩を加えて発酵させることも可能ですが、家庭で作る際は腐敗を防ぐためにできるだけ早く発酵させたいので、塩麹と混ぜる方法をとります。向いている魚は小ぶりで、わたを含め丸ごと使えるものならなんでも。えびやいかで作っても、独特の風味でおいしく仕上がります。

麹ナンプラー

● 材料　作りやすい分量（出来上がり量300mℓ）

塩麹 ……350g
いわし ……250g

● 作り方

1. いわしは丸ごとぶつ切りにする。
2. 塩麹と1を合わせ、ハンドブレンダーで細かくする。
3. 清潔な容器に入れ、はじめの1週間は2〜3日に1回混ぜる。常温で1〜2カ月おく。さらりとした液体にして使いたい場合は、コーヒーフィルターなどを使ってこしてもよい。

＊魚は、いわし程度の大きさのものなら好みのものでよい。えび（殻つき）やいか（わたごと）を使っても。いずれの場合も魚介は1種類で作るのがおすすめ。

＊常温保存可。賞味期限なし。熟成させるとうまみが強くなる。

こちらがこす前の完成した状態。1カ月以上かけてじっくり熟成させたからこその、とろりとしたコクのある味わい。

魚のうまみを凝縮したおいしさは、チャーハンや焼きそばの味つけに。スープや煮ものに入れると一気に味わい深く。

PART. 2

麹としょうゆで作る調味料

しょうゆ麹
バーベキュー麹・カレー麹
中華風麹・韓国風麹

それ自体が発酵調味料であるしょうゆに、麹を加えてさらに発酵のうまみをプラス。しょうゆ麹をベースにした数々の自家製調味料は、市販品とは段違いの味わい深さ。「こんなものまで?」と驚きの顔ぶれです。

しょうゆ麹

発酵調味料であるしょうゆに、
麹を加えて"追い発酵"。

　作り方はいたって簡単。しょうゆに麹を混ぜるだけです。そもそも、しょうゆ自体が、大豆と小麦と塩を発酵させたもの。ここに米麹を加えてさらに発酵のひと手間を加えるので、うまみの強さは倍以上。おけばおくほど味わい深くなり、はじめはとがっていたしょうゆの塩分もまろやかに、絶品の調味料になります。

　気をつけたいのは、使うしょうゆ。できるだけ添加物の少ないシンプルなものを選ぶと、麹の風味をしっかりと味わえます。また、万が一の腐敗を防ぐため、減塩タイプではなく、通常の塩分のものを。基本的にはしょうゆをつぎ足すことで期限なく使えますが、麹がしょうゆの水分を吸って頭を出し始めたら、しょうゆをひたひたまで足すのが、傷めず長くもたせるコツです。

　しょうゆと同じ感覚で使うだけで、麹のパワーでいつもの料理が一段とおいしく。また、しょうゆがさまざまな合わせ調味料に活躍するように、しょうゆ麹の展開も実に多彩。発酵が重なった濃いうまみを生かして、中華風や韓国風、さらにはバーベキュー味やカレー味まで幅広く活躍します。

[しょうゆ麹]

1

2

● 材料　作りやすい分量（出来上がり量380g）

米麹 …… 1カップ（150g）
しょうゆ …… 1カップ

● 作り方

1　清潔なびんに米麹としょうゆを入れる。
2　よく混ぜ、常温におく。1週間後から使える。
　　＊常温保存。賞味期限なし。常温で熟成させると味がより深まる。

しょうゆ南蛮麹

しょうゆ麹を作る際に、種ごと小口切りにした青唐辛子を加え、しょうゆ麹と同様に作る。青唐辛子の量は好みでOK。しょうゆと米麹と同量の青唐辛子を入れたものが「三升漬け」。北海道や東北地方の郷土料理で、昔は材料をそれぞれ1升ずつ漬け込んだことからそう呼ばれる。

しょうゆ麹 Q&A

Q1. 完成は、1週間という期間だけで決めていいですか？　その他の見極め方はありますか？

A1. 寒い時期でも1週間ほどでおいしくなりますが、「麹が指でつぶせるほどやわらかくなっているか」も判断基準です。気温が高ければ、3〜4日で完成することも。とはいえ基本は常温保存なので、"発酵しすぎて味が落ちる"わけではないので安心して。料理によっては麹の粒だけを使ったり、しょうゆだけを味わったり、いろいろな使い方で長く楽しんでください。

Q2. しょうゆの代わりに使う場合は、分量はどのように調節したらいいですか？

A2. 基本的には、しょうゆに麹のうまみがプラスされたものなので、しょうゆと同量でOK。もしかしたら、うまみの分、少なめの量でも満足できるかもしれません。

Q3. 合わせ調味料に使ってもいいですか？

A3. ポン酢しょうゆやごまだれ作りにもおすすめ！　麹のまろやかさでよりおいしく仕上がります。

定番の使い方

和える

煮る

漬ける

46

[しょうゆ麹]

豊かな麹の風味に加え、ほのかな甘みを感じるしょうゆ麹。
しょうゆ代わりにいつもの食材を和えたなら、味の深さは段違い。

まぐろのしょうゆ麹和え

●材料　2人分
まぐろ（刺身用）……150g
しょうゆ麹……小さじ2

●作り方
1　まぐろは食べやすく切る。
しょうゆ麹と合わせて30分
〜半日ほどおく。

漬けると引き立つ麹の甘さ。
じんわりやさしく、舌に残ります。

卵黄のしょうゆ麹漬け

●材料　2人分
卵黄……2個
しょうゆ麹……大さじ1

●作り方
1　小さめの容器にしょうゆ
麹を入れ、卵黄を加えて
半日漬け込む。

味のバランスが難しい煮ものも、
重ねた麹のうまみで失敗知らず。

なめたけ

●材料　作りやすい分量
えのきだけ……2袋（200g）

A｜**しょうゆ麹**……大さじ5
　｜酒……50㎖

酢……小さじ1〜2

●作り方
1　えのきだけは汚れていれば下の部分を
少しだけ切り落とす。2cm幅に切る。
2　鍋に1と水80〜100㎖を入れて中火
にかけ、沸騰したら**A**を加えて弱火で
10分煮る。酢を加え、ひと煮立ちし
たらそのまま冷まし、味をなじませる。

47

定番の使い方

焼く

炒める

［しょうゆ麹］

厚揚げとししとうはしっかりと焦げ目がつくまで、こんがり焼き上げて。
香ばしさとしょうゆ麹の味わいは、最高の組み合わせです。

厚揚げとししとうのしょうゆ麹焼き

●材料　2人分

厚揚げ……1/2枚
ししとう……4本
しょうゆ麹……適量
ごま油……少々
大根おろし……適量

●作り方

1　厚揚げは1cm厚さに切る。ししとうはヘタを取る。

2　フライパンにごま油を薄くひき、中火で熱する。1を焼き目がつくように香ばしく焼き、器に盛る。大根おろしを添え、しょうゆ麹をかける。

さっと火を入れたしょうゆ麹から立ち上る、食欲を誘う香り。
短時間で火が入る、歯ざわりのいい具材を選んで。

ベジチンジャオロースー

●材料　2人分

ピーマン……2個(100g)
じゃがいも……1個(100g)
たけのこ(水煮)……100g
しょうが……1/2かけ
しょうゆ麹……大さじ1と1/2
酒……大さじ1
塩、こしょう……各少々
ごま油……大さじ1

●作り方

1　ピーマン、じゃがいも、たけのこは、大きさをそろえて細切りにする。しょうがはせん切りにする。

2　フライパンにごま油と1のしょうがを入れ、中火で熱する。香りが立ったらじゃがいもとたけのこを入れ、塩をふって炒める。

3　じゃがいもが透き通ってきたらピーマンを加え、炒め合わせる。酒としょうゆ麹を加えて全体にからめ、こしょうをふる。

49

定番の使い方

揚げる

［しょうゆ麹］

おいしい揚げものは下味次第。しょうゆ麹にまかせれば安心です。
冷めてもしっかりうまみが残るのは、奥深さを持つ麹の力。

しょうゆ麹大根から揚げ

●材料　2人分

大根 ……360g
塩 ……小さじ2/3

A｜ しょうがのすりおろし
　　　……1かけ分
　｜ **しょうゆ麹** ……大さじ2

片栗粉、揚げ油 ……各適量

●作り方

1 大根は2cm厚さのいちょう切りにする。蒸籠や蒸し器に並べて塩をふり、やわらかくなるまで10分ほど蒸す。

2 バットにAを入れて、1を熱いうちに漬け込む。途中で上下を返しながら、つけ汁がほぼなくなるまでしみ込ませる。

3 2が冷めたら片栗粉を薄くまぶし、190℃に熱した揚げ油で揚げる。

しょうゆ麹鶏から揚げ

●材料　2人分

鶏もも肉 ……1枚(300g)
塩、こしょう ……各少々

A｜ しょうが、
　｜ にんにくのすりおろし
　　　……各1かけ分
　｜ **しょうゆ麹** ……20g
　｜ 酒 ……大さじ1

片栗粉、揚げ油、レモン
　　……各適量

●作り方

1 鶏肉はひと口大に切り、塩、こしょうをふる。

2 ポリ袋にAと1を入れて全体を混ぜ、1時間ほど冷蔵庫におく。

3 2の汁気をきり、片栗粉をまぶす。

4 170℃に熱した揚げ油に3を入れ、火が通るまで揚げる。器に盛り、レモンを添える。

しょうゆ麹と食材を炊飯器で一緒に発酵させる

● バーベキュー麹

発酵に発酵を重ねた、
野菜の甘さが引き立つぜいたく調味料。

　しょうゆ麹をベースに、玉ねぎの甘みとにんにくの香り、さらにほどよい酸味をプラスした、コクのある甘じょっぱいソースです。

　まずはしょうゆ麹に、米麹、ごはん、水を混ぜ合わせて常温でじっくりと発酵。さらにすりおろした野菜を足して、炊飯器で発酵させ、なじませたら完成です。

　お気づきかもしれませんが、最初に加える"米麹、ごはん、水"は、甘酒の材料と同じ。言ってみれば、しょうゆ麹と甘酒、さらに野菜を一緒に発酵させているわけですから、深みのあるおいしさが生まれるのは納得。グリルした野菜や肉や魚に使うほか、炒めものの味つけに使うのもおすすめです。

●材料　作りやすい分量（出来上がり量550g）

A｜ しょうゆ麹……270g
　　米麹……30g
　　冷めたごはん……90g
　　水……大さじ3

玉ねぎ……1/2個（100g）
にんにく……1かけ
酢……大さじ1と1/2

●作り方

1. 清潔なびんにAを入れて混ぜ合わせる。ふたをのせた状態（密閉しない）で常温におく。1〜5日おいて、びんの横から見て小さな気泡が入った状態になるまで発酵させる（写真a）。
2. 玉ねぎとにんにくはハンドブレンダーでペースト状にする。
3. 1をジッパー付きポリ袋に入れ、2と酢を加えて混ぜる。空気を抜いて封をする。
4. 炊飯器の内釜に65℃の湯をたっぷり入れ、3を沈めるように入れる（写真b）。炊飯器のふたを開けた状態で、保温機能で8〜10時間温める。粗熱をとり、清潔なびんに移す。

＊冷蔵保存。賞味期間3カ月。

a

b

揚げ根菜と車麩の バーベキュー麹和え

ホクホクの根菜と、バーベキュー麹の甘さがマッチ。車麩の食感も楽しいメインディッシュ。

[バーベキュー麹]

● 材料　2人分

れんこん、にんじん、さつまいも……各50g
車麩……2枚

A | しょうがのすりおろし……1/2かけ分
　 | 酒、しょうゆ……各小さじ1

バーベキュー麹、片栗粉、揚げ油……各適量

● 作り方

1 野菜はひと口大の乱切りにする。
2 車麩は水につけてやわらかくもどし、手のひらで挟むようにして水気をきって6等分に切る。合わせたAに漬ける。
3 180℃に熱した揚げ油で1を素揚げにする。続けて2に片栗粉をまぶし、揚げる。
4 油をきった3をバーベキュー麹で和える。

● カレー麹

発酵トマトがおいしさを底上げ。
カレーの枠におさまらないスパイス麹。

　こちらも原理はバーベキュー麹（p.52）と同じ。ただし水は加えず、最初からトマトを加えて一緒に発酵させるので、より味わいが濃厚になります。常温においてふわっと発酵がはじまったら、早めに次の工程へ。トマトは発酵が進みすぎると、おいしい甘みが消えてしまうので気をつけましょう。

　炊飯器で発酵させる際に保存袋に入れるのは、熱による蒸発を防ぐため。お湯に沈めるのは、まんべんなく火を入れるため。

　完成したカレー麹は、野菜の甘さと麹の深みに加え、スパイスの香りが渾然一体となったおいしさ。カレー粉の量は控えめなので、カレーに限らず、幅広い料理に活用できます。

● **材料**　作りやすい分量（出来上がり量600g）

トマト……小1個（160g）

A｜冷めたごはん……100g
　｜**しょうゆ麹**……120g
　｜米麹……30g

玉ねぎ……1/2個（100g）
にんにく、しょうが、
　　カレー粉……各15g

● **作り方**

1. トマトはハンドブレンダーでペースト状にする。混ぜ合わせたAとともに清潔なびんに入れ、ふたをのせた状態（密閉しない）で常温におく。1〜5日おいて、びんの横から見て小さな気泡が入った状態になるまで発酵させる（写真a）。
2. 玉ねぎ、にんにく、しょうがはハンドブレンダーでペースト状にする。
3. 1をジッパー付きポリ袋に入れ、2とカレー粉を加えて混ぜる。空気を抜いて封をする。
4. 炊飯器の内釜に65℃の湯をたっぷり入れ、3を沈めるように入れる（写真b）。炊飯器のふたを開けた状態で、保温機能で6〜7時間温める。粗熱をとり、清潔なびんに移す。

＊冷蔵保存。賞味期間1カ月。

a

b

[カレー麹]

焼きズッキーニの
カレー麹マリネ

ジューシーなズッキーニに、スパイシーなカレー麹を。
ほのかに酸味を感じる、箸が止まらないおいしさです。

●材料　2人分

ズッキーニ……1本(250g)

A｜カレー麹……40g
　｜しょうゆ……小さじ2
　｜酢……小さじ1

塩……少々
なたね油……小さじ1

●作り方

1　ズッキーニは1〜1.5cm厚さの輪切りにする。
2　Aを合わせてバットに入れておく。
3　フライパンに油を中火で熱し、1を入れて両面を香ばしく焼き、塩をふる。熱いうちに2に30分ほど漬ける（途中で何度か上下を返す）。

タコライス

・作り方 / *p.58*

野菜たっぷり チリコンカン

・作り方／*p.59*

[カレー麹]

タコライス

フレッシュ野菜と合わせ軽やかに。
まろやかでやさしいメキシカン。

●材料　2人分

豚ひき肉 ……150g
カレー麹 ……90g
レタス ……2枚(60g)
トマト、アボカド ……各1/2個
温かいごはん ……適量
塩……小さじ1/4

●作り方

1　フライパンを中火で熱し、ひき肉と塩、カレー麹を炒め合わせる。

2　レタスは5mm幅に、トマト、アボカドは2cm角程度に切る。

3　器にごはんを盛り、1と2をのせる。好みで麹ホットソース(p.35)や市販のホットソースをふる。

味わいを決めるのはひき肉にからませるカレー麹。肉の中心まで味が入るよう、香りが濃く立つまで焦がさないようにじっくり炒め合わせる。

[カレー麹]

野菜たっぷり チリコンカン

野菜たっぷりのヘルシーレシピ。
しみじみした味わいは、
麹の深みとみその効果。

●材料 2人分

キドニービーンズ（水煮）……240g
玉ねぎ……1個（200g）
トマト……2個（300g）
にんじん、しめじ……各80g
塩……小さじ1/2
カレー麹……100g
チリパウダー……小さじ1/4
みそ……大さじ2
なたね油……大さじ1と1/2
パセリのみじん切り、
　　トルティーヤチップス……各適量

●作り方

1　野菜類、きのこはすべて1cm角に切る。
2　フライパンに油を中火で熱し、玉ねぎをあめ色になるまでしっかり炒める。にんじん、しめじ、キドニービーンズを加えて塩をふり、カレー麹、チリパウダーも加えて炒め合わせる。
3　トマト、みそ、水1/2カップを加え、弱火で煮込む。へらで鍋底に線が引ける程度まで煮詰めたら器に盛り、パセリをふる。トルティーヤチップスを添える。

玉ねぎをしっかり炒めるのが、ひき肉を使わなくても満足感のある味わいに仕上げる秘訣。濃いあめ色になってとろりとするまで炒めていく。

——— しょうゆ麹に加えて作る ———

● 中華風麹

じっくり炒めた長ねぎの甘さを、
しょうゆ麹になじませて。

　長ねぎとしょうが、ごま油の香りをプラスするだけで、おいしい調味料が完成。これは、ベースのしょうゆ麹の味わいが完成しているからこそ。長ねぎは、多めのごま油で揚げるように炒め、香りと甘みを存分に引き出しておくのがポイント。このひと手間が、中華風に仕上げる秘訣です。さらに、しょうゆ麹を含む他の材料と合わせてひと煮立ち。ただ混ぜ合わせるのではなく、ここでしっかり火を入れることですべての素材がなじみ、まろやかな味わいになるのです。

　時間をおくほど、味がこなれて深みのあるおいしさになる中華風麹。蒸しなすなど、淡泊な味わいの素材にかければ、一気に主役級のひと皿に格上げできます。

●材料　作りやすい分量（出来上がり量150g）
しょうゆ麹……100g　　　酒……大さじ1
長ねぎ……1本（100g）　　ごま油……大さじ2
しょうが……1かけ

●作り方
1　長ねぎ、しょうがはみじん切りにする。
2　フライパンにごま油を入れ、中火で1の長ねぎをきつね色になるまでしっかり炒める。しょうが、酒、しょうゆ麹を加え、ひと煮立ちしたら火を止める。半日おいて冷まし、味をなじませる。粗熱をとり、清潔なびんに移す。
＊冷蔵保存。賞味期間3カ月。

[中華風麹]

豆腐ステーキ

豆腐は、粉をはたいてカリッと。
ちょっとリッチな調味料は、
シンプルレシピの強い味方。

●材料　2人分

木綿豆腐……1/2丁(180g)
薄力粉……適量
中華風麹……小さじ4
ごま油……小さじ2

●作り方

1　豆腐は軽く水気をきる。3〜4等分に切り、薄力粉を薄くまぶす。

2　フライパンにごま油を中火で熱し、1の両面を軽く焦げ目がつくまで焼く。器に盛り、中華風麹をのせる。

ベジ麻婆なす

香味野菜と麹のうまみ。
すべてのおいしさを吸った、
なすの味わいに感動です。

●材料　2人分

なす……2本(160g)
ごぼう……1/2本(80g)
えのきだけ……1/2袋(50g)
塩……少々
豆板醤……小さじ1/2
ごま油……大さじ1+小さじ1

A│中華風麹……大さじ4
　│酒、みりん……各大さじ1
　│水……50mℓ

●作り方

1　なすは1〜2cm厚さの輪切りにする。ごぼうは小さめのささがき、えのきだけは汚れていれば下の部分を少しだけ切り落とし、1cm幅に切る。

2　フライパンにごま油大さじ1を中火で熱し、1のなすの両面を軽く焦げ目がつくまで焼く。塩をふり、一度取り出す。

3　フライパンにごま油小さじ1を足し、中火で熱する。1のごぼうをしっかり炒める。香ばしい香りがしてきたら、えのきだけ、豆板醤を加えて炒め合わせる。

4　Aを加え、沸騰したら2のなすを戻し入れ、なすに味がしみ、とろみがつくまで煮る。

シンプル油そば

中華風麹のくったり長ねぎと、
しゃきしゃき小ねぎのダブルの美味。

［中華風麹］

●材料　2人分
中華麺 …… 2玉
小ねぎ …… 1/3束(30g)

A｜中華風麹 …… 大さじ4
　｜酢 …… 大さじ1/2

白いりごま …… 小さじ1

●作り方
1　小ねぎは小口切りにする。
2　Aは混ぜ合わせる。
3　中華麺を袋の表示どおりにゆで、湯をきって器に盛る。1と2をのせ、ごまをふる。

● 韓国風麹

にんにく香る、甘辛味。
これさえあれば、韓国料理も簡単！

　韓国のヤンニョムを作るには、多くの調味料が必要です。甘みは砂糖や水あめで、みそにごま油にうまみたっぷりのアミの塩辛……。ところが、麹のうまみとほどよい甘みを持つしょうゆ麹を使えば、少ない材料でここまで本場に近い味が出せます。しかも、材料を混ぜるだけ。半日ほどおけば、すぐに使えるのも魅力です。もちろん、時間の経過とともに味がなじむことでさらにおいしく。はじめのうちは前に出ていたにんにくやしょうがの風味が、どんどんまろやかに変化します。

　ひとさじ加えればどんな素材も韓国風。おすすめは和えもの。かぶやきゅうりを和えたり、ちょっと変わったところでは、するめを和えてもまた、オツなおつまみになります。

●材料　作りやすい分量（出来上がり量100g）
しょうゆ麹 ……80g
にんにく ……1かけ
しょうが ……1/2かけ
白いりごま ……大さじ1
韓国産唐辛子粉 ……小さじ2
ごま油 ……小さじ1

●作り方
1　にんにく、しょうがはすりおろす。
2　すべての材料を清潔なびんに入れ、よく混ぜる。半日おいて味をなじませる。
　＊冷蔵保存。賞味期間3カ月。

韓国風おからチゲ

基本の味つけは韓国風麹におまかせ。ホッと温まる、現地の家庭料理です。

[韓国風麹]

●材料　2人分

- おから……140g
- 長ねぎ……1/3本(30g)
- 大根……50g
- 白菜……100g
- えのきだけ……1/2袋弱(40g)
- ごま油……小さじ2

A
- 韓国風麹……大さじ1強
- 酒、みりん、しょうゆ……各大さじ1

●作り方

1. 長ねぎは斜め薄切り、大根は2mm厚さのいちょう切りにし、白菜はひと口大に切る。えのきだけは汚れていれば下の部分を少しだけ切り落とし、3～4cm幅に切る。
2. 鍋にごま油を中火で熱し、1の長ねぎを炒める。しんなりしてきたら、残りの1を順に加えて炒め合わせていく。水2カップを加え、沸騰したら弱火にし、野菜に火を通す。
3. Aを加えて混ぜ、おからを加える。温まったら火を止める。

ヤンニョムチキン

ジャンクなメニューも麹を使えば、
体にやさしい味わいに。

●材料　2人分

鶏もも肉……1枚(300g)
酒……大さじ1
塩……小さじ1/2

A | 韓国風麹……大さじ1と1/2
　| 2倍濃縮甘酒(p.68)……40g

片栗粉、揚げ油、クレソン……各適量

●作り方

1　鶏肉はひと口大に切り、酒と塩をふって30分ほどおく。水気をしっかりふき取る。
2　1に片栗粉を薄くまぶし、170℃に熱した揚げ油で揚げる。
3　ボウルにAを入れて混ぜ合わせ、油をきった2を熱いうちに加え、からめる。器に盛り、クレソンを添える。

PART. 3

麹とごはんで作る調味料

甘酒
甘酒コチュジャン・麹ケチャップ
麹ソース・麹オイスターソース風・麹テンメンジャン

麹の酵素がごはんのでんぷんを分解し、やさしい甘みを生み出します。もちろん甘いだけでなく、麹ならではの絶妙なうまみを持っているのも魅力。その深みのあるおいしさで、韓国風から中華、洋食系まで網羅します。

甘酒

発酵の力が引き出す、やさしく自然な甘さ。
栄養豊富で、調味料に展開しても優等生。

　砂糖を加えていないのにしっかりと、それでいて奥行きのあるやさしい甘さ。酒粕を原料とした甘酒もありますが、ここで使う甘酒は、米麹とごはんを発酵させて作る麹甘酒です。この甘さは、麹に含まれる酵素のひとつである「アミラーゼ」が、米のでんぷんを糖化させることで生まれるもの。また、甘"酒"と呼ばれているものの、アルコール分はゼロなので、お酒に弱い方やお子さんでも安心して口にできます。

　栄養豊富なことでも知られ、含まれる栄養素はブドウ糖や必須アミノ酸、ビタミン類など実に多種。体内への吸収率が高いため、「飲む点滴」の別名を持つほどです。

　作る際に注意したいのは、発酵が進みすぎること。乳酸菌や酵母菌の働きによって、酸っぱくなったり、ごくまれにアルコール発酵するケースも。甘さが存分に出たことを確認したら、火を入れて発酵を止めるのがおいしさをキープするコツです。

　調味料に展開する場合は、その甘さを生かし、砂糖やみりんの代わりとして。

　この本では、少し濃いめの2倍濃縮タイプを使用しています。

[甘酒]

2倍濃縮甘酒
● 材料　作りやすい分量（出来上がり量500g）

米麹 ……100g
冷めたごはん ……300g
熱湯 ……300mℓ

● 作り方

1　ごはんを炊飯器の内釜に入れ、熱湯を注ぎ、へらなどで混ぜる。
2　米麹を加えて混ぜ合わせ、平らにならす。
3　ほこりが入らないように布巾などをかぶせる。
4　ふたをせずに、炊飯器の保温機能で甘みが出るまで10～15時間保温する。

＊冷蔵保存の場合は、鍋で一度沸騰させて発酵を止める。清潔なびんに入れて賞味期間1週間。
＊冷凍保存の場合は火にかけない状態でOK。ジッパー付き保存袋などに入れて賞味期間1カ月。

1

2

3

4

甘酒 Q&A

Q1. 炊飯器がない場合はどうすればいいですか？

A1. 保温ボトルやヨーグルトメーカーでも作ることができます。鍋にごはんと水を入れて60℃になるまで混ぜて温め、火を止めて米麹を入れて混ぜたら、保温ボトルやヨーグルトメーカーへ。4～5時間たったら、鍋に移して60℃になるまで温めて、再び保温ボトルやヨーグルトメーカーに。さらに4～5時間たったら、鍋に移して沸騰させ、混ぜて7割程度の量に煮詰めたら出来上がりです。

Q2. なぜ、冷めたごはんで作るのですか？

A2. 麹の酵素は70℃以上になると壊れてしまいます。一度この温度を超えると、酵素が復活することはありません。上のレシピでは、冷めたごはんに熱湯を注ぐことで、酵素が活発に働く60℃になるように調整しています。

Q3. 市販の甘酒を使ってもいいですか？

A3. 市販品なら、砂糖など余分なものが入っていないものを。また、レシピの甘酒は濃いめの出来上がりなので、"濃縮タイプ"を選んで。

69

定番の使い方

和える

漬ける

［甘酒］

砂糖の甘さとみりんのうまみを、甘酒ひとつで。
火を使わずに調理すると、後味に麹がより深く香ります。

甘酒白和え

●材料　2人分

にんじん ……60g
こんにゃく（あく抜き済みのもの）
　　……70g
ほうれん草 ……1/2束（100g）
酒 ……大さじ1
しょうゆ ……小さじ1/4
ごま油 ……小さじ1

A　**2倍濃縮甘酒** ……大さじ3
　木綿豆腐 ……1/4丁（90g）
　白ねりごま、みそ
　　 ……各大さじ1/2
　塩 ……小さじ1/4

●作り方

1　Aの豆腐はさっとゆでる。さらし、または厚手のペーパータオルなどで包み、重しをして20〜30分冷蔵庫においてしっかりと水きりをする。

2　にんじんはマッチ棒程度の太さに切り、こんにゃくは細めの短冊切りにする。

3　ほうれん草はさっとゆでて水に放ち、しっかり水気をしぼって3〜4cm幅に切る。

4　鍋にごま油を中火で熱し、2を炒める。しんなりしたら酒としょうゆを加え、ふたをして弱火で水気がなくなるまで煮る。

5　Aを混ぜ合わせ、ペーストにする。3と4を加えて和える。

切り干し大根を甘酒でもどせば、それ自体にうまみと甘さがたっぷり含まれます。
甘酒と酢は好相性。さっぱりとした、どこかエスニックな味わいが魅力。

切り干しソムタム

●材料　2人分

切り干し大根 ……30g

A　**2倍濃縮甘酒** ……20g
　酢 ……小さじ2
　塩 ……小さじ1/4

セロリ ……2/3本（80g）
セロリの葉 ……適量
ピーナッツ（素焼き） ……15g
赤唐辛子 ……1/2本
塩 ……ひとつまみ

●作り方

1　切り干し大根はさっと洗い、ざるにあげる。水を吸って少しやわらかくなったら食べやすく切り、合わせたAに10分ほど漬ける。

2　セロリは繊維を断つ向きに薄切りにする。葉は細切りにする。塩をふって軽くもむ。

3　ピーナッツは細かく刻む。赤唐辛子は種を取り、小口切りにする。

4　1、2、3を混ぜ合わせ、器に盛る。

定番の使い方

煮る

焼く

[甘酒]

甘じょっぱい煮ものをおいしく仕上げるには、意外に多くの砂糖が必要。
甘酒を使えば栄養豊富なうえ、舌に残る甘さも軽やかです。

油揚げ甘辛煮

●材料　2人分

油揚げ ……2枚
昆布 ……5cm長さ1枚（2g）

A｜**2倍濃縮甘酒** ……30g
　｜しょうゆ ……大さじ1/2
　｜酒 ……大さじ1

●作り方

1　油揚げは半分に切り、熱湯をかけて油抜きをする。

2　鍋に水50mℓと昆布を入れ、中火にかける。沸騰したら、1を入れ、中火で煮汁が半量ほどになるまで煮る。

3　混ぜ合わせたAを回しかけ、落としぶたをして弱火で煮汁がなくなるまで煮る。

口の中にふわりと広がる、麹の香ばしさを蓄えた甘み。
焦げ目がつくまでしっかり焼くことで、初めて出合えるおいしさです。

くるみみその焼きおにぎり

●材料　3個分

温かいごはん（五穀米） ……200g
くるみ（素焼き） ……1個（3g）
2倍濃縮甘酒 ……大さじ1
みそ ……小さじ2

●作り方

1　くるみは細かく刻み、甘酒とみそと混ぜ合わせる。

2　小ぶりのおにぎりを作り、1をのせる。

3　オーブントースターで5分ほど焼き、軽く焦げ目をつける。

73

定番の使い方

炒める

揚げる

[甘酒]

甘い麹のつぶつぶが、ほどよく残る炒めもの。
甘さの濃淡がつくことで、メリハリのある味わいになるのです。

なすとピーマンの甘みそ炒め

●材料　2人分

なす ……大2本(200g)
ピーマン ……1個(50g)
しょうが ……1/2かけ
塩、こしょう ……各少々
ごま油 ……大さじ1

A　2倍濃縮甘酒 ……大さじ2
　　みそ、酒 ……各大さじ1
　　しょうゆ ……小さじ1

●作り方

1　なすは縦半分に切る。皮に斜めに細かく
　切り目を入れながら、2～3cm厚さの
　斜め切りにする。ピーマンは乱切りにす
　る。しょうがはせん切りにする。

2　フライパンにごま油と1のしょうがを入
　れて中火で熱し、香りが立ったらなすを
　加える。塩をふり、しんなりしてきたら
　ピーマンも加えて炒め合わせる。

3　混ぜ合わせたAを回しかけ、弱火で煮る。
　へらで混ぜたときに鍋底が見える程度ま
　で煮詰めたら、こしょうをふり、全体を
　混ぜて器に盛る。

甘酒を使った揚げものは、もっちりとした食感になります。
根菜のじんわりした甘さとの、相性のよさが際立ちます。

もちもちさつま揚げ

●材料　2人分

ごぼう、にんじん、玉ねぎ
　　……各20g
塩 ……ひとつまみ

A　薄力粉 ……30g
　　2倍濃縮甘酒 ……20g
　　塩 ……小さじ1/4
　　水 ……大さじ1強

揚げ油 ……適量

●作り方

1　ごぼう、にんじんはせん切りにし、玉ね
　ぎはごく薄く切る。ボウルに入れ、塩を
　まぶす。

2　別のボウルにAを入れて混ぜ合わせ、1
　を加えてさらに混ぜる。

3　170℃に熱した揚げ油で、2をスプーン
　2本を使って落とし揚げにする。きつね
　色になったら、油をきって器に盛る。

75

炊飯器で発酵させる

● 甘酒コチュジャン

唐辛子も一緒に発酵させるから、
辛さの刺激も、どこかまろやか。

材料をすべて一緒に発酵させることで生まれる、奥深い味わいの調味料。もち米に含まれるでんぷんの甘さを引き出しつつ、辛さもその中に抱き込んで、じっくりとおいしさを増していくのです。

普通のごはんではなく、炊いたもち米を使うのは、甘みをより強く出すため。ない場合は、少し甘みが薄くなりますが、ごはんを使ってもOKです。注意点は、いずれの場合も冷ますこと。70℃以上になると麹の働きが失われてしまうので、注意が必要です。

濃厚な甘辛さは、少し使うだけで本場韓国風に。ナムルの隠し味に使ったり、焼き肉に添えたりなど、なにかとおいしく使えます。

●材料　作りやすい分量(出来上がり量450g)

炊いたもち米(またはごはん)　　塩……小さじ2
　……1合分　　　　　　　　　韓国産唐辛子粉……大さじ3
米麹……100g　　　　　　　　　水……30mℓ

●作り方

1　もち米は人肌まで冷ます。
2　材料をすべて混ぜ合わせ、ジッパー付き保存袋に入れて空気を抜き、封をする。
3　炊飯器の内釜に65℃の湯をたっぷり入れ、2を沈めるように入れる（写真）。
4　炊飯器のふたを開けた状態で、保温機能で甘みが出るまで8〜10時間保温する。粗熱をとり、清潔なびんに移す。

＊もち米は手早く洗い、ざるにあげて水をきる。通常の白米モードで炊く。
＊冷蔵保存。賞味期間3カ月。

［甘酒コチュジャン］

甘辛ごはんおにぎり

ごはんが温かいと、麹の酵素で
ボソボソ食感になるので気をつけて！

●材料　2人分

冷めたごはん……200g
たくあん（せん切り）
　　……15g
バラのり……大さじ1

A　甘酒コチュジャン……小さじ2
　白いりごま……小さじ1
　ごま油……小さじ1/2

●作り方

1 ボウルにごはん、たくあん、のり、よく混ぜ合わせたAを入れて混ぜ合わせる。手に塩水（分量外）をつけて、好みの大きさに丸める。

スンドゥブ

ごま油で、長ねぎとしめじを
しっかり炒めるのがポイント。

●材料　2人分

絹ごし豆腐……1丁(360g)
にら……1/2束(50g)
長ねぎ……1本(100g)
しめじ……1/2パック(50g)
あさり（砂抜き済みのもの）……130g
ごま油……小さじ1

A　甘酒コチュジャン……大さじ3
　白すりごま、みりん、
　　しょうゆ、ごま油……各大さじ1

●作り方

1 豆腐はひと口大に切る。にらは3～4cm幅に切り、長ねぎは5mm幅の斜め切りにする。しめじはほぐす。

2 鍋にごま油を中火で熱し、1の長ねぎを炒める。続けてしめじを加えて炒め、全体に油が回ったら、水3カップを加える。

3 2が沸騰したら、あさりとよく混ぜ合わせたAを入れ、1～2分煮る。あさりの口が開いたら、1の豆腐とにらを加え、温まったら火を止める。

77

トッポギ

人気の韓国メニューも簡単に。
エリンギと玉ねぎでボリュームアップ！

●材料　2人分

トッポギ用もち ……100g
玉ねぎ ……1/4個（50g）
エリンギ ……1/2パック（50g）
にんにく ……1/2かけ
塩 ……少々
ごま油 ……小さじ1

A｜**甘酒コチュジャン** ……大さじ2
　｜酒 ……大さじ1
　｜しょうゆ ……小さじ1

●作り方

1　玉ねぎとエリンギは薄切りにする。にんにくはみじん切りにする。

2　フライパンにごま油と1のにんにくを入れ、中火にかける。香りが立ったら、玉ねぎとエリンギを加えてさっと炒め合わせ、塩をふる。

3　水1カップを加え、沸騰したらAを加えて混ぜる。なめらかになったら、もちを加え、弱火でやわらかくなるまで煮る。

ビビンそうめん

甘酒で、うまみと甘みをさらにプラス。
にんにくとごま油の風味を効かせて本場感倍増です。

[甘酒コチュジャン]

●材料　2人分

そうめん……4束(200g)
きゅうり……1/2本

A｜にんにくのすりおろし……1/2かけ分
　｜**甘酒コチュジャン**……大さじ3(50g)
　｜2倍濃縮甘酒(p.68)……大さじ2
　｜しょうゆ……小さじ2
　｜酢……小さじ1
　｜ごま油……大さじ1

●作り方

1　きゅうりは細切りにする。
2　そうめんは袋の表示どおりにゆで、流水で洗い、水気をよくきる。
3　2によく混ぜ合わせたAをからめ、器に盛り、1のきゅうりをのせる。

甘酒に加えて作る

●麹ケチャップ

材料はほぼ、トマトと甘酒。
フレッシュな味わいがたまりません。

　甘酒とトマトピューレがほぼ半量ずつの、麹の香りいっぱいのケチャップです。市販品より甘みがおだやかで、酸味も前に出すぎることなくまろやかなのがいいところ。作り方は想像以上にシンプルで、ハンドブレンダーがあれば、驚くほど簡単に作れます。手作業で作る場合は、おろし器で玉ねぎをすりおろせば問題ありません。とろみは、仕上げの水分の飛ばし加減で調節しましょう。

　使い方は通常のトマトケチャップと同様ですが、やさしい味わいなのでやや多めでもあっさり味わえるのが特徴。懐かしい味わいのナポリタンやチキンライスをはじめ、甘酒とトマトのうまみを生かして、カレーの隠し味にするのもおすすめです。

●材料　作りやすい分量(出来上がり量320g)

2倍濃縮甘酒 ……130g　　塩……小さじ1と1/4
玉ねぎ ……1/4個(50g)　　こしょう……小さじ1/4
トマトピューレ……150g　　酢……大さじ2

●作り方

1　鍋に甘酒と玉ねぎを入れ、ハンドブレンダーでペースト状にする。

2　トマトピューレを加えて混ぜながら弱火にかける。とろみがついてきたら、塩、こしょうを加えてさらに混ぜ、酢を加えてひと煮立ちさせる。粗熱をとり、清潔なびんに移す。

＊冷蔵保存。賞味期間1カ月。

オムライス

ケチャップライスにも、仕上げにも。
たっぷり使っておいしいのは麹のおかげ。

[麹ケチャップ]

●材料　2人分
ごはん……320g
玉ねぎ……1/4個(50g)
にんじん……30g
マッシュルーム……3個(30g)
卵……2個
麹ケチャップ……20g
塩……適量
こしょう……少々
なたね油……大さじ1/2＋小さじ2
パセリ（あれば）……適量

●作り方
1. 玉ねぎとにんじんはみじん切りにする。マッシュルームは薄切りにする。
2. フライパンに油大さじ1/2を中火で熱し、1の玉ねぎとにんじんを炒める。火が通ったらマッシュルームを加え、塩小さじ1/4とこしょうをふる。
3. ごはんを加えて炒め合わせ、麹ケチャップを加えて全体を炒める。半量ずつ、木の葉形に器に盛る。
4. 卵に塩少々を加えて溶きほぐす。
5. フライパンに油小さじ1を中火で熱し、4の半量を流し入れて広げ、薄焼き卵を作る。もう半量も同様に作る。
6. 3のケチャップライスの上に5をかぶせて形を整え、麹ケチャップ（分量外）をかける。あればパセリを添える。

● 麹ソース

市販品とは、まったく別もの。
料理の味を上書きしないソースです。

　甘みのある食材、うまみのある調味料。さらに、麹を発酵させた甘酒をたっぷりと使います。材料をハンドブレンダーにかけ、水分を飛ばしてとろみをつければ、自家製ソースの出来上がり。麹ケチャップと同様、ハンドブレンダーやフードプロセッサーがない場合は、玉ねぎ（トマトを使う場合はトマトも）をすりおろせばOK。その複雑で深みのあるおいしさは、ひと口食べればとりこです。

　ソースというと、味の濃さが先立って、かけると結局、"なんでもソース味"になりがち。ところが麹ソースに限っては例外。野菜の甘みも感じるやさしい味わいなので、ちょっと多めにかけても味が濃くなりすぎず、料理のおいしさをより引き立ててくれます。

●材料　作りやすい分量（出来上がり量270g）

2倍濃縮甘酒 ……100g　　酢 ……大さじ2
玉ねぎ ……大1/4個（60g）　みりん ……大さじ1強
トマトピューレ ……15g　　りんごジュース（果汁100%）
　（またはトマト50g）　　　……大さじ1
しょうゆ ……100mℓ　　　こしょう ……小さじ1/4

●作り方

1　鍋に材料をすべて入れ、ハンドブレンダーでよく混ぜる。
2　鍋を中火にかけ、沸騰させる。しっかりと煮詰めて水分を1/3量ほど飛ばし（へらで混ぜたときに鍋底が見える程度）、粗熱をとる。清潔なびんに移す。

＊冷蔵保存。賞味期間2週間。

お好み焼き

米粉と山いものふんわり生地には、麹ソースのやさしい味わいを。

[麹ソース]

●材料 2人分

キャベツ ……5枚(200g)
小ねぎ ……3〜4本(10g)
豚バラ薄切り肉 ……80g

A｜ 長いも ……120g
　　米粉 ……60g
　　しょうゆ ……小さじ2
　　水 ……60ml

なたね油 ……大さじ1/2
麹ソース、青のり、
　麹マヨネーズ(p.38) ……各適量

●作り方

1. キャベツは粗みじん切りにする。小ねぎは小口切りにする。豚肉はひと口大に切る。
2. Aの長いもはすりおろし、残りのAと合わせてよく混ぜる。1のキャベツと小ねぎも加えてよく混ぜる。
3. フライパンに油の半量を中火で熱し、2の半量を流し入れる。上に1の豚肉の半量をのせる。下面がこんがりと焼け、表面が乾いてきたら上下を返す。
4. 両面がこんがりと焼けて中まで火が入ったら、器に盛る。2枚目も同様に焼く。麹ソースと青のりをかけ、好みで麹マヨネーズを添える。

● 麹オイスターソース風

食べるほどに感心する、濃密なおいしさ。
秘密は甘酒としいたけのうまみです。

かきの濃いうまみが、本来のオイスターソースのベース。ところがこちら、魚介をはじめとする動物性たんぱく質はまったく使っていないにもかかわらず、驚くほどコクとパンチのある味わいです。その秘密は、しいたけ。さらに甘酒のコクのある甘さとうまみが重なれば、本家のオイスターソースに負けない、驚きの調味料が完成します。

使い道は、それこそ無限。蒸し野菜に添えたり、野菜炒めの味つけに使ったり。ひとさじで深いうまみが手軽に加えられるので、「どこかひと味足りないな」と感じたときの、強い味方になってくれます。実は白いごはんにちょっとのせるのも最高。これだけで、思わずおかわりしたくなるおいしさです。

●材料　作りやすい分量(出来上がり量460g)

しいたけ ……大6個(160g)
長ねぎ ……太めのもの1/2本(60g)
酒 ……100ml

2倍濃縮甘酒 ……160g
しょうゆ ……80ml
塩 ……小さじ1

●作り方

1　しいたけは石づきを切り落とし、適当な大きさに切る。長ねぎはぶつ切りにする。
2　鍋に1と酒を入れて中火にかけ、沸騰したら弱めの中火で10分煮る。粗熱をとる。
3　甘酒を加え、ハンドブレンダーでペースト状にする。
4　しょうゆと塩を加えて中火にかける。ひと煮立ちさせて火を止める。粗熱をとり、清潔なびんに移す。

＊冷蔵保存。賞味期間2週間。

[麹オイスターソース風]

豆腐と青梗菜(チンゲンサイ)のあんかけ

淡泊な味わいの食材が、
麹オイスターひとつでぜいたく味に。

● 材料 2人分

絹ごし豆腐 …… 1/2丁(180g)
青梗菜 …… 1株(100g)
しょうが …… 1/2かけ
塩、こしょう …… 各少々
ごま油 …… 大さじ1/2

A | **麹オイスターソース風**、酒
　　…… 各大さじ1
　　しょうゆ …… 小さじ1

B | 片栗粉 …… 小さじ1
　　水 …… 小さじ2

● 作り方

1 豆腐は縦半分に切ってから1cm厚さに切る。さらし、または厚手のペーパータオルで包み、30分ほどおいて水気をきる。青梗菜は5cm幅に切る。しょうがはせん切りにする。

2 フライパンにごま油と1のしょうがを入れて中火にかける。香りが立ったら、青梗菜を加え、塩、こしょうをふってさっと炒める。

3 Aと水50mlを加え、青梗菜に火が通ったら1の豆腐を加える。全体が温まったら、混ぜ合わせたBを回し入れ、とろみをつける。

ベジガパオ ・作り方／*p.88*

[麹オイスターソース風]

きのこカオマンガイ

•作り方 / *p.89*

ベジガパオ

ひき肉代わりに高野豆腐を。
ベジとは思えない、
食べ応えのあるエスニック。

●材料 2人分

ピーマン(赤・緑)……各1個(計100g)
玉ねぎ……1/4個(50g)
高野豆腐……2枚(30g)
にんにく……1かけ
赤唐辛子……1/2本
塩……小さじ1/4
こしょう……少々

A │ 麹オイスターソース風……60g
  │ 酒……大さじ2

薄口しょうゆ……大さじ1/2
なたね油……大さじ1/2 + 大さじ1

温かいごはん……適量

●作り方

1 ピーマンと玉ねぎは、繊維に沿って1cm幅に切る。にんにくはみじん切りにする。

2 高野豆腐は水につけてやわらかくもどし、フードプロセッサーで粗く刻む。

3 フライパンに油大さじ1/2を中火で熱し、1のピーマンと玉ねぎをさっと炒める。塩、こしょうをふり、一度取り出す。

4 フライパンに油大さじ1を足し、赤唐辛子と1のにんにくを入れ、中火にかける。香りが立ったら2を加えて炒め、油が回ったらAを加えてなじませる。3を戻し入れてさっと混ぜ、薄口しょうゆを加えて炒め合わせる。ごはんとともに器に盛る。

高野豆腐は水気を絞りすぎないように。また、あまりに細かいと食べ応えがなくなるので、ひき肉よりやや大きめのサイズにする。

◎ひき肉で作る場合
高野豆腐の代わりに、鶏または豚ひき肉120gを使う。作り方4で高野豆腐に替えてひき肉を入れて炒め、しっかりと肉に火を通す。あとは同様に作る。

きのこカオマンガイ

[麹オイスターソース風]

鶏肉に見立てたエリンギの歯ざわりが楽しい一皿。
風味豊かな濃いめのソースがごはんによく合います。

●材料　作りやすい分量

米 ……2合
エリンギ ……1と1/2パック（150g）
しょうが、にんにく ……各1/2かけ
長ねぎの青い部分 ……1本分
酒 ……大さじ1
塩 ……小さじ1/4
ごま油 ……大さじ1/2

A｜長ねぎ ……5cm（12g）
　｜**麹オイスターソース風** ……大さじ3
　｜しょうゆ ……小さじ2
　｜酢 ……小さじ1
　｜ごま油 ……大さじ1/2

香菜のざく切り、レモンの輪切り ……各適量

●作り方

1　米は洗ってざるにあげておく。
2　エリンギは1本を4～5つにさく。しょうがとにんにくは薄切りにする。
3　炊飯器の内釜に1を入れ、一度2合の目盛りまで水を注いでから、30mℓ分の水を取り除く。
4　3に酒と塩を加えてよく混ぜ、2、長ねぎの青い部分をのせ、ごま油を回しかけて炊く。
5　Aの長ねぎはみじん切りにし、残りのAと合わせてよく混ぜる。
6　4が炊き上がったら長ねぎとエリンギを取り除いてさっくりと混ぜる。ごはんを器に盛り、エリンギをのせる。香菜とレモンをのせて5をかける。

◎鶏肉で作る場合
エリンギの代わりに、鶏もも肉または鶏むね肉1枚（250g）を使う。作り方4でほかの材料とともに米の上にのせて炊く。炊き上がったら、食べやすい大きさに切り、ごはんにのせる。

エリンギ、長ねぎ、しょうがから出ただしをたっぷりごはんに吸わせる。エリンギはごはん粒を落として取り出し、具材として盛る。

● 麹テンメンジャン

中華だけに寄りすぎない、ほどよい軽さ。
コクのある味わいを求める料理に。

　中華の甘みそ調味料であるテンメンジャンは、小麦粉に麹を加えて発酵させ、砂糖などで甘みをつけたもの。濃厚な甘さが特徴です。甘酒を使ったこちらは、本家よりもほどよく軽やかでやさしい味わい。それだけに中華風のおかずのみならず、和のおかずにも大活躍。麹調味料ならではのおいしい深みを与えてくれて実に重宝です。

　しっかりしたコクは、豆のうまみを凝縮した八丁みそを使っているから。色合いも濃いので、見た目もテンメンジャンらしく仕上がります。他のみそを使う場合も、熟成期間の長いものを使って味わいに深みを出しましょう。炒めものに使うほか、蒸し野菜やスティック野菜につけても。

●材料　作りやすい分量（出来上がり量320g）
2倍濃縮甘酒 ……120g
八丁みそ（または熟成みそ）……100g
酒、しょうゆ……各大さじ3
ごま油……大さじ2

●作り方

1　鍋にすべての材料を入れ、焦げないようにへらで混ぜながら弱火で20分ほど煮詰める。とろりとしたら完成。粗熱をとり、清潔なびんに移す。
＊冷蔵保存。賞味期間3カ月。

[麹テンメンジャン]

れんこん炒め

しょうがの風味を効かせたこっくり甘みそ味。
ちょっぴりの酢が、味わいを引き締めます。

●材料　2人分
れんこん……200g
しょうが……1/2かけ
塩……ひとつまみ
ごま油……小さじ1

A│麹テンメンジャン……30g
　│みりん……大さじ1
　│酢……小さじ1/2
　│こしょう……少々

●作り方

1　れんこんは、繊維に沿って縦に食べやすく切る。しょうがはせん切りにする。

2　フライパンにごま油と1のしょうがを入れ、中火にかける。香りが立ったられんこんを加え、塩をふって透明になるまで炒める。

3　混ぜ合わせたAを加え、さっと炒め合わせる。

厚揚げルーローハン

味つけは麹テンメンジャンだけ。
厚揚げとしいたけのベジ・ルーロー。

●材料　2人分
厚揚げ……1枚
干ししいたけ……2枚(6g)
長ねぎ……1本(100g)
にんにく、しょうが……各1かけ
麹テンメンジャン……80g
ごま油……小さじ2
温かいごはん、青梗菜(ゆでたもの)
　……各適量

●下準備
干ししいたけは水1/2カップ
につけてやわらかくもどす。

●作り方
1　厚揚げは1〜2cm角に切り、熱湯をかけて油抜きをする。長ねぎ、にんにく、しょうがはみじん切りにする。もどした干ししいたけ（もどし汁はとっておく）は石づきを切り落とし、せん切りにする。
2　鍋にごま油と1の長ねぎを入れて中火にかけ、香りが立ったらにんにく、しょうがを加えてきつね色になるまでよく炒める。香りが立ったら1の厚揚げを加えてひと混ぜし、干ししいたけともどし汁を加えて煮る。
3　煮汁が半分ほどになったら麹テンメンジャンを加え、水気がなくなるまで煮る。
4　器にごはんを盛り、3をかけて青梗菜を添える。

[麹テンメンジャン]

ホイコーロー

味つけは、豚肉だけにしっかりと。
野菜の味との濃淡を楽しみます。

●材料　2人分

豚バラ薄切り肉 ……50g
キャベツ ……4枚(160g)
長ねぎ ……1/2本(50g)
ピーマン ……1個(50g)
にんにく ……1かけ
塩、こしょう ……各少々
ごま油 ……小さじ1＋大さじ1/2

A｜麹テンメンジャン ……大さじ1と1/2
　　酒 ……大さじ1/2
　　しょうゆ ……小さじ1
　　豆板醤(トウバンジャン) ……小さじ1/2

●作り方

1　豚肉、キャベツはひと口大に切る。長ねぎは5mm厚さの斜め切り、ピーマンは乱切り、にんにくはみじん切りにする。

2　フライパンにごま油小さじ1と1のにんにくを入れて中火にかける。香りが立ったら、長ねぎ、ピーマン、キャベツの順に加えてさっと炒め合わせ、塩、こしょうをふって一度取り出す。

3　2のフライパンにごま油大さじ1/2を足し、1の豚肉を並べ入れる。中火にかけ、色が変わるまで両面を焼く。混ぜ合わせたAを加え、しっかりとからめる。2を戻し入れ、全体をさっと炒め合わせる。

COLUMN.2

インドの香り スパイス甘酒

甘酒とスパイスの力を合わせて、すこやかなドリンクに。今回は抗酸化作用の強いシナモン、腸内環境を整えるクローブ、消化を助けるカルダモン、体を温めるしょうがを加えました。

使うスパイスはお好みですが、その効能を調べながら、好みの味を探りあてるのも楽しみのひとつ。すべての材料をまとめて発酵させることで、麹のまろやかさとスパイスの刺激が一体となった味わいが生まれます。

煮出した紅茶と合わせればチャイ。炭酸水と合わせて冷やせばクラフトコーラ風。つい、冷たいドリンクがほしくなる夏には、体を内側から温めてくれる、体にやさしい一杯になります。

スパイス甘酒

●材料　作りやすい分量（出来上がり量240g）

炊いたもち米 …… 1/3合分
米麹 …… 100g
しょうが …… 1かけ
水 …… 40ml
シナモン、クローブ、
　カルダモン、こしょう、など
　好みのパウダースパイス …… 各少々

●作り方

1　もち米は人肌まで冷ます。
2　材料をすべて混ぜて、ジッパー付き保存袋に入れて空気を抜き、封をする。
3　炊飯器の内釜に65℃の湯をたっぷり入れ、2を沈めるように入れる。
4　炊飯器のふたを開けた状態で、保温機能で甘みが出るまで8〜10時間保温する。清潔なびんに移す。
＊冷蔵保存。賞味期間2週間。

麹チャイ（材料　2杯分）
鍋に紅茶の茶葉小さじ1と水180mlを入れ、弱火にかけて3分煮出す。豆乳（無調整）120mlを加え、温まったら茶葉をこして取り除く。スパイス甘酒80gを加えてさらに温め、カップに注ぐ。

麹コーラ（材料　2杯分）
スパイス甘酒150g、炭酸水1カップ、レモン汁小さじ2をハンドブレンダーで混ぜ合わせ、氷を入れたグラスに注ぐ。

おわりに

ひと粒ずつは小さいけれど、驚くほどの力を発揮する麹。
生まれたときからずっと親しんでいる存在ですが、年を重ねてもなお、
そのおおらかな自然の力には、感謝の気持ちでいっぱいです。
発酵は自然のもの。
レシピどおりに作っても、また、同じ場所で同じように作っても、
温度や湿度などの環境の違いで、味わいは少し変わるかもしれません。
それもまた、麹が生きて発酵を続けているからこそ。
味わいの変化を観察しながら、麹との暮らしを楽しんでください。

寺田 聡美
てらだ さとみ

江戸時代から続く、千葉県香取郡神崎町の造り酒屋「寺田本家」23代目の次女として生まれる。「寺田本家」は無農薬米、無添加、生酛造りの独自の自然酒醸造で知られる。マクロビオティックを学び、カフェ勤務などを経て、結婚後は家業を手伝う。醸造元で育ち、発酵を身近に感じてきたからこその発酵レシピが好評。2017年、寺田本家の敷地内に「発酵暮らし研究所＆カフェ うふふ」をオープン。麹や酒粕を使ったおいしい料理とスイーツのほか、寺田本家の酒も味わえる。2児の母。著書に『寺田本家 発酵カフェの甘酒・塩麹・酒粕ベストレシピ』、『寺田本家 発酵カフェの甘酒・酒粕・麹のやさしいおやつ』、『塩麹・酒粕・甘酒でつくる 寺田本家のおつまみ手帖』（すべて家の光協会）など。

●株式会社寺田本家　https://www.teradahonke.co.jp/

寺田本家の麹

寺田本家の麹は2種類あります。ひとつは本書で使用している一般的な「天然白米こうじ」（500g　972円）。寺田本家の蔵付きの天然麹菌で作った生麹です。もうひとつは少し珍しい玄米の麹「発芽玄米麹かむたち」（写真 500g　1,188円）。玄米を発芽させ、蔵付きの天然麹菌で作った生麹です。白米麹より糖化や発酵には少し時間がかかります。
◎どちらも10〜5月ごろの季節限定品。

●寺田本家オンラインショップ　https://www.teradahonke.co.jp/fs/terada/c/

寺田本家 発酵カフェの
毎日おいしい麹レシピ

2025年1月20日　第1刷発行

撮影／澤木央子	著者　寺田聡美
ブックデザイン／川添 藍	発行者　木下春雄
スタイリング／竹内万貴	発行所　一般社団法人 家の光協会
取材・文／福山雅美	〒162-8448
編集／小島朋子	東京都新宿区市谷船河原町11
校正／安久都淳子	電話　03-3266-9029（販売）
DTP制作／天龍社	03-3266-9028（編集）
	振替　00150-1-4724
	印刷　株式会社東京印書館
	製本　家の光製本梱包株式会社

乱丁・落丁本はお取り替えいたします。定価はカバーに表示してあります。本書のコピー、スキャン、デジタル化等の無断複製は、著作権法上での例外を除き、禁じられています。本書の内容を無断で商品化・販売等を行うことを禁じます。

©Satomi Terada 2025 Printed in Japan
ISBN 978-4-259-56820-9 C0077